Robert y D   is

Un
matrimonio
de bendición

**CASA
CREACIÓN**
Para vivir la Palabra

Para vivir la Palabra

MANTÉNGANSE ALERTA;
PERMANEZCAN FIRMES EN LA FE;
SEAN VALIENTES Y FUERTES.
—1 Corintios 16:13 (NVI)

Un matrimonio de bendición por Robert y Debbie Morris
Publicado por Casa Creación
Miami, Florida
www.casacreacion.com
©2023 Derechos reservados

Library of Congress Control Number: 2015951169
ISBN: 978-1-629982-73-1
E-book ISBN: 978-1-629988-31-3

Desarrollo editorial: *Grupo Nivel Uno, Inc.*
Adaptación de diseño interior y portada: *Grupo Nivel Uno, Inc.*

Publicado originalmente en inglés bajo el título:
The Blessed Marriage
Publicado por Gateway Church
2121 E. Southlake Blvd. Southlake, TX 76092
© 2022 Robert y Debbie Morris

Visite la página web de los autores: www.gatewaypeople.com

Nota de la editorial: Aunque el autor hizo todo lo posible por proveer teléfonos y páginas de internet correctos al momento de la publicación de este libro, ni la editorial ni el autor se responsabilizan por errores o cambios que puedan surgir luego de haberse publicado.

Impreso en Colombia

23 24 25 26 LBS 9 8 7 6 5 4 3 2 1

Robert y Debbie Morris

Un
matrimonio
de bendición

Este libro está dedicado a los padres de
Debbie, Grady y Edra Hughes.

A *Grady W. Hughes:*

Por habernos dejado una rica herencia
de amor al demostrarlo como un verbo
que se expresa mejor en acciones.

A *Edra Hughes:*

Por vencer las adversidades con fe, enfrentando
el futuro valientemente y por proveer
siempre un hogar cálido y amoroso.

CONTENIDO

Sección 1:

Diseño Divino: Descubrir la bendecida
intención de Dios para el matrimonio

Sección 2:

¡No hay nada de malo con ser fuerte!
El mensaje de Robert para los hombres

Sección 3:

Sea una reina para su rey.
El mensaje de Debbie para las mujeres

Sección 4:

El paraíso terrenal: La vida diaria
bendecida por el matrimonio

Prólogo

---◆---

por James y Betty Robison

Robert y Debbie Morris han sido amigos nuestros y compañeros en la obra durante muchos años, y ahora son nuestros pastores. Cuando ellos empezaron a escribir este libro, sabíamos que una palabra oportuna de parte de Dios era inminente. En una cultura plagada por el divorcio, un matrimonio en amor y que se disfrute parece casi mítico. Las estadísticas son tan deprimentes que uno se ve obligado a preguntarse cómo podría ser posible que un matrimonio bendecido existiera.

No podemos empezar a contar el número de veces que nos han preguntado: "¿Verdaderamente se llevan bien como lo muestran en televisión?". La gente no parece creer que dos personas, que han vivido juntas durante tanto tiempo, aún se gusten mutuamente, mucho menos, que se amen entre sí. Sin embargo, después de más de 40 años de matrimonio, con honestidad podemos decir que, por la abundante gracia de Dios, nos amamos y disfrutamos uno del otro más, hoy día, que nunca antes.

Esposos, si ustedes están buscando la receta mágica para hacer feliz a su esposa para que puedan hacer lo que quieran, nunca la van a encontrar. No existe una manera milagrosa para disfrutar una esposa con quien no comparte intimidad. No hay un sistema mágico para aprender a amar a alguien más de lo que usted se ama a sí mismo. Solamente Dios puede tomar dos corazones y enseñarles a latir al unísono. Él quiere que su matrimonio se adapte a Su plan para bendición, que no solamente cambie su interacción mutua, sino que sirva los propósitos de Su reino también.

Esposas, si ustedes esperan que su esposo sea su máxima fuente de gozo y realización, serán decepcionadas. Betty sabe, por experiencia, el inconveniente que acompaña este pensamiento. Solamente cuando ella empezó a creer que Dios la amaba verdaderamente y empezó a confiar en Su amor, pudo recibir mi amor. Su fe en el cuidado que Dios tiene de ella quitó la carga de hacerla feliz de mi espalda y nos liberó a ambos para disfrutar de la aventura de seguir juntos a Cristo.

Cuando empezamos nuestro matrimonio, no teníamos planes de estar juntos en televisión algún día. Con su comportamiento tímido y callado, Betty estaba muy contenta quedándose fuera del centro de atención mientras yo predicaba. Sin embargo, Dios nos mostró que Él quería que trabajáramos juntos de manera más visible. Él quería que Betty fuera copresentadora del programa de televisión *Life Today*. Mi esposa dulce y tímida, le permitió a Dios sacarla lejos de su zona de comodidad desde donde había ministrado siempre; el resultado ha sido verdaderamente sorprendente.

Repentinamente, nuestro matrimonio y familia eran exhibidos ante el mundo. Nunca antes habíamos ministrado juntos y de manera tan cercana. Y mientras más trabajamos juntos, más convencidos estamos que el matrimonio es uno de los regalos más grandes que Dios le ha dado a la humanidad. Cuando estamos sujetos a la Palabra de Dios, nuestra unión está marcada por Su amor constante. Cualquier relación edificada sobre tal amor desinteresado se convertirá en una vida de bendición abundante.

Ya sea que usted esté urgentemente buscando esperanza para un matrimonio al borde de la ruina o sencillamente buscando devolverle la vida a un matrimonio enfrascado en la rutina, usted encontrará respuestas en este libro. El testimonio de Robert y Debbie le animará y desafiará a alejarse de la derrota y avanzar hacia la victoria en su matrimonio. A medida que usted lea y se sujete a la verdad en estas páginas, deseo que descubra un verdadero matrimonio de bendición.

—James y Betty Robison

Sección 1

Diseño Divino:
Descubrir la bendecida intención de Dios para el matrimonio

Capítulo 1

EL MATRIMONIO ES LA IMAGEN DE DIOS

Cuando estábamos recién casados, yo (Robert) no tenía planes de hacer mayores cambios en mi agenda social para acomodar a mi esposa. Siempre me han encantado los deportes y el aire libre: esquiar, buceo, motociclismo, golf, cacería y todo lo que se le ocurra. No podía imaginarme la vida sin esos placeres.

Bueno, no pasó mucho tiempo antes de que la competencia por mi tiempo se volviera un problema en mi matrimonio. Una noche, estábamos despiertos hasta tarde teniendo una "discusión". Ustedes están familiarizados con las "discusiones" ¿verdad? Generalmente implican gritos, movimientos enérgicos con las manos y, algunas veces, hasta lágrimas. Así es una "discusión". A lo que llegamos fue que Debbie ya se había cansado de estar a la sombra de mi obsesión egoísta con el entretenimiento. Yo, por supuesto, no veía nada de malo con la forma en que había estado actuando. Yo pensaba que querer que dejara de hacer las cosas que traían placer a mi vida era egoísta de su parte.

En el clímax de nuestra discusión, Debbie, con lágrimas en los ojos, me vio y dijo: "Algunas veces, con el poquito tiempo que pasas conmigo, me pregunto si acaso me amas". Joven e inmaduro, respondí con rapidez, pero no muy delicadamente, "¿No sabes si yo te amo? ¡Mira el tamaño del anillo que llevas en tu mano!". Está bien, ahora, más de 20 años después, sé que ese fue un comentario extremadamente frívolo e insensible. Sin embargo, en ese tiempo, yo realmente creí que había demostrado mi amor lo suficiente al haberle comprado un anillo caro. Con el corazón roto, Debbie me miró, se quitó el anillo, lo puso sobre la mesita de noche y dijo: "Estoy dispuesta a renunciar a él a cambio de que pases el día de mañana conmigo".

Hemos mejorado bastante desde esa discusión. Ahora, Debbie es la persona más importante en mi vida. Cuanto estoy estresado, ella me anima a que vaya a jugar golf; vamos de cacería juntos. Estamos más enamorados ahora que el día en que dijimos: "Sí, acepto". ¿Cómo esa pareja que peleaba tanto pasó del desastre a la bendición? Dios ha transformado nuestros corazones con Su verdad, y Su Espíritu nos ha unido y bendecido con intimidad sorprendente. Él es muy bueno y nosotros hemos descubierto que Sus caminos son perfectos.

La dicha del Edén

¿Ha sido siempre el matrimonio como lo es en la mayoría de los hogares estadounidenses hoy día? Si hubiera cámaras escondidas grabando a las típicas parejas cristianas y a las típicas parejas no cristianas, ¿podríamos darnos cuenta cuáles matrimonios son uniones formadas por creyentes con solo ver cómo se tratan mutuamente? Ya que la humanidad está caída, ¿es siquiera razonable esperar que la unión entre un hombre y una mujer pudiera producir alguna otra cosa que no sea dolores de cabeza y heridas al corazón?

Regresemos al huerto del Edén, donde la primera pareja vivió el primer matrimonio completa y exactamente como Dios lo diseñó. ¿Cómo pudo ser eso?

"En el principio, Dios creó los cielos y la tierra", (Génesis 1:1). En el sexto día, Él creó al hombre. Aunque el hombre disfrutó de la utopía de la tierra antes de la maldición y de la más dulce comunión posible con Dios, él no estaba contento. Sin embargo, su descontento no surgía de una actitud pecaminosa, sino de una necesidad sincera. Dios había puesto en él un anhelo por algo más, alguien más; el hombre necesitaba compañía. Aun Dios, quien estaba complacido con todo lo que Él había hecho, comentó: "No es bueno que el hombre esté solo" (Génesis 2:18).

Ahora bien, el hombre no estaba completamente solo. ¡Él vivía en un zoológico! De hecho, su primer trabajo como gobernador sobre la creación de Dios fue ponerles nombre a todos los animales. Secretamente, él debe haber tenido la esperanza que, al llegar a conocer a los animales, él encontraría una compañera adecuada. Pero ¡ay!, no había nadie como él sobre la tierra. Adán, el primer hombre, pudo apreciar la soledad de una manera en que ninguno de nosotros la conocerá jamás.

En sintonía con los deseos y necesidades de Adán, Dios se presentó como proveedor. Él hizo que Adán durmiera, tomó una costilla de su costado y, usando esa costilla, creó una mujer. Al despertar, Adán vio maravillado la obra de Dios:

"Esta es ahora hueso de mis huesos,
y carne de mi carne;
ella será llamada mujer,
porque del hombre fue tomada".

(Génesis 2:23)

Usted sabe, Adán pudo haberla nombrado "sirvienta" o "cocinera" o "Bambi", pero no lo hizo. Su relación era tan pura que él no estaba buscando lo que ella podía hacer por él; sino que, sencillamente, la recibió como el regalo que ella era. La mujer había sido creada para llenar el deseo de compañía en su corazón y ella así lo hizo.

Nunca ha existido una época más inocente entre un hombre y una mujer. Ellos eran completamente vulnerables el uno con el otro, estaban desnudos y expuestos. Sin nada que esconder, sin pecado que pudiera dañar sus intenciones, sin pasado que pudiera hacer peligrar sus expectativas, Adán y Eva se lanzaron a la hermosa aventura del matrimonio.

¿Puede imaginarse cómo sería una relación sin la plaga del egoísmo, la envidia o la rebeldía? Adán y Eva deben haber crecido en harmonía y paz absolutas. Sin las disposiciones del pecado, ellos pudieron ponerse, el uno al otro, en primer lugar de manera natural. Este fue el diseño de Dios para el matrimonio. El propósito era que fuera un lugar de servicio y ternura mutua. Fue diseñado para llevar gozo y plenitud. En la creación perfecta de Dios, la unión entre un hombre y una mujer estaba diseñada para ser un lugar seguro donde ellos pudieran cumplir sus máximos propósitos entregándose completamente el uno al otro dentro del placer de la intimidad absoluta.

Ya no estamos en el Edén

El matrimonio sufrió una horrible caída cuando Adán y Eva se rebelaron contra el plan perfecto de Dios. Cuando se separaron a sí mismos de Dios, ellos se separaron entre sí también. El egoísmo, la competencia y la inmadurez no solamente cobraron su cuota en cada uno como individuos, sino que además, estas deficiencias hicieron que el matrimonio perfecto fuera inalcanzable. Ahora, varios miles de años después, nos encontramos aceptando el divorcio como una solución satisfactoria a los problemas del pecado en el hogar. Hemos llegado muy lejos desde el huerto del Edén.

Sin embargo, el divorcio no es algo nuevo. Ha existido casi desde el mismo tiempo que el pecado tampoco ha sido coincidencia. En los tiempos de Jesús, era un tema de candente discusión. Los fariseos hasta trataron de usarlo para atrapar a Jesús en herejía. Ellos llegaron a Él y le preguntaron: "¿Es lícito a un hombre divorciarse de su mujer por *cualquier* motivo?" (Mateo 19:3, énfasis añadido). Los fariseos conocían la ley, y sabían aún mejor la interpretación de la ley. Ellos sabían lo que estaba permitido para divorciarse dentro de la cultura judía y esperaban que Jesús dijera algo que probara que Él estaba contra la ley de Dios.

Sin embargo, la respuesta de Jesús debe haberles importunado porque lo primero que Él dijo fue: "¿No habéis leído?" (Mateo 19:4). Ahora bien, estos eran fariseos, religiosos muy entendidos. Ellos memorizaban los primeros cinco libros de la Biblia, los sabían de memoria. ¡Por supuesto que habían leído! Sin embargo, Jesús sabía que aunque habían leído, ellos no tenían entendimiento de la verdad del matrimonio; de otra manera, ellos nunca habrían hecho esa pregunta.

Jesús continuó:

> "¿No *habéis leído que aquel que los creó, desde*
> *el principio los hizo varón y hembra, y añadió:*
> *'Por esta razón el hombre dejara a su padre y a su*
> *madre y se unirá a su mujer, y los dos serán una*
> *sola carne?'. 'Por consiguiente, ya no son dos, sino*
> *una sola carne'. Por tanto, lo que Dios ha unido,*
> *ningún hombre lo separe".*
>
> Mateo 19:4–6

Estas son palabras fuertes. En la sociedad de hoy día, son palabras que desatan contiendas. Isaías 59:19 nos dice:

> *Ciertamente el enemigo vendrá como un río cau-*
> *daloso, pero el espíritu del Señor desplegará su*
> *bandera contra él.*

Aun desde tiempos bíblicos, Satanás atacaba al pueblo de Dios usando mentiras acerca de la belleza y el propósito del matrimonio. Jesús es la Palabra de Dios encarnada, y Él no tolerará el engaño. Sin disculparse o ceder, Jesús puso la verdad ante ellos. Él miró a estos religiosos directamente a los ojos y les dijo la verdad de Dios claramente.

A pesar de la respuesta de Jesús, los fariseos no titubearon. Ellos buscaron entre sus dogmáticas interpretaciones de la ley e hicieron otra pregunta: "¿por qué Moisés mandó darle a la esposa un certificado de divorcio y despedirla?", (versículo 7). Esa es una pregunta justa. Se esperaba que los judíos rigieran su vida por la ley, y la ley de Moisés daba instrucciones de cómo debía ser un divorcio. Pensando que lo habían puesto contra la pared, los fariseos preguntaron en qué forma podrían coincidir las palabras de Jesús y las de Moisés.

La respuesta de Jesús para ellos es la misma respuesta que necesitamos escuchar hoy día. "Él les dijo: Por la dureza de vuestro corazón, Moisés os permitió divorciaros de vuestras mujeres; pero no ha sido así desde el principio" (Mateo 19:8). Amigos, el divorcio siempre es resultado de la dureza del corazón. En algunos divorcios, hay uno con el corazón endurecido y una víctima. En otros, hay dos corazones endurecidos rehusándose a someterse. A veces, el corazón endurecido se manifiesta a través del adulterio. Otras, separa a la pareja a través del abandono. Tristemente, la dureza del corazón paraliza la fe que es esencial para la sobrevivencia del matrimonio. Donde sea que aparezca, el corazón endurecido lleva al divorcio. Dios nunca tuvo la intención de que el divorcio fuera una opción para salirse del matrimonio. Moisés solamente lo concedió debido a la dureza del corazón.

Regrese a las palabras de Jesús en Mateo 19:4–5. "¿No habéis leído que aquel que los creó, desde el principio los hizo varón y hembra y dijo: 'Por esta razón el hombre dejará a su padre y a su madre y se unirá a su mujer, y los dos serán una sola carne'?". Jesús estaba refiriéndose al relato de la creación, en Génesis 1:27 y 2:24. En Génesis 1:27, se nos dice que Dios creo al hombre y a la mujer a Su propia imagen. No dice que el hombre haya sido creado a la imagen de Dios, sino que tanto el hombre como la mujer lo fueron. Los hombres portan la imagen de Dios al igual que las mujeres.

¿Alguna vez ha pensado que Dios es tanto masculino como femenino? Ambos géneros muestran atributos de Dios que son únicos. Como persona individual, usted puede representar cualidades de Dios el Padre, Dios el Hijo o Dios el

Espíritu Santo. Sin embargo, como persona individual no puede representar a la Trinidad. Usted es una sola persona, un solo género.

Lo siguiente es la verdad acerca del matrimonio que hemos estado edificando. Esta verdad cambiará su perspectiva sobre el matrimonio para siempre. Tiene el poder de transformar su relación con su cónyuge. Vivir la realidad de esta verdad les convertirá en un testimonio conmovedor del carácter de Dios ante sus hijos, su familia, sus vecinos y su iglesia.

¿Está listo para esto? El matrimonio ES la imagen misma de Dios. Una pareja casada, sometida al diseño divino para el matrimonio, representará una imagen de Dios ante el mundo. Debido al pecado, no todo matrimonio puede capturar la belleza de la Deidad. La unión de dos creyentes comprometidos a permitir que la realidad de la Trinidad brille a través de su relación, no solamente mostrará al mundo cómo es Dios, sino que estos, que han llegado a ser uno, disfrutarán de la misma intimidad que comparten el Padre, el Hijo y el Espíritu Santo.

¿Comprendió eso? Dios, el gran Tres en Uno, escogió revelarse a Sí mismo a este mundo a través de su relación matrimonial. Si le permite hacerlo, Él bendecirá su matrimonio con los beneficios del compañerismo celestial. Este es el deseo máximo de Dios para el matrimonio. Dos llegan a ser uno, de la misma forma en que Él es uno, llevándole a Él la gloria máxima y canalizando bendición abundante a su unión y su familia. Este es el matrimonio bendecido.

Personificar a Dios

El matrimonio es la imagen de Dios. Hermoso. Suena tan poético. También suena como una relación muy diferente a la que las parejas viven hoy día. La Trinidad es armoniosa, complementaria, funcional e invitadora. ¿Alguna de estas describen su matrimonio? ¡Definitivamente no describían el nuestro cuando estábamos recién casados!

Recuerden su último desacuerdo, ¿mostró armonía? ¿Qué hay de sus patrones de paternidad individuales? ¿Diría que se complementan el uno al otro? ¿Sus interacciones del día a día resultan en un estilo de vida funcional, o se sienten disfuncionales regularmente debido a que sus diferencias hacen parecer la vida imposible? ¿Se siente la gente atraída a su hogar, atraída a tener una relación con su familia? ¿Su matrimonio realmente representa a Dios?

Reflejar a Dios en nuestros matrimonios no puede ser un concepto que admiremos simplemente. Tiene que ser un estilo de vida que adoptemos. Cuando se vive así, reflejar a Dios comunicará tres verdades extraordinarias acerca de la persona de Dios.

Tener la cabeza en su lugar

Primero, el matrimonio demuestra igualdad que funciona con el orden. Piense en cómo funciona la Trinidad. Usted tiene a Dios el Padre, Dios el Hijo y Dios el Espíritu Santo. ¿Cuál es mayor que el otro? Ninguno. Las tres personas de la Trinidad son completamente iguales. Sin embargo, Dios el Padre es la cabeza de la Trinidad. Esto es posible solamente si "la cabeza" se refiere a la función y no a la posición. Existe una diferencia.

El presidente de un banco es la cabeza. Él ocupa la posición de liderazgo, de hacer más dinero, tomar todas las decisiones, reafirma su voluntad sobre todos aquellos bajo su control. En este sentido, la cabeza es cambiar por la posición desde la cual él gobierna. Sin embargo, Dios el Padre no se posiciona a Sí mismo sobre el Hijo y sobre el Espíritu. En vez de eso, Él funciona como la cabeza de Su unidad, de manera que cada uno pueda florecer en sus roles individuales. Un ejemplo de esto sería una sociedad entre el vendedor y el proveedor. Para que haya una sociedad exitosa, el proveedor tiene que proveerle al vendedor algo para vender. El proveedor funciona como la cabeza de esa sociedad en el sentido que él es la fuente de dónde el vendedor se surte para hacer su trabajo. En realidad, ninguno de los dos puede tener éxito sin el otro. Ellos son igualmente importantes. De manera similar, Dios el Padre es la fuente para el Hijo y para el Espíritu. Ellos reciben de Él todo lo que necesitan para poder alcanzar su potencial completo.

Dentro del matrimonio, Dios ha establecido que el esposo sea la cabeza de la esposa. Dios no lo coloca a él sobre ella con un puño de hierro y una campanilla para llamarla. No, Dios coloca una alta expectativa sobre el esposo. Él debe reflejar el papel del Padre en la Trinidad como la fuente en la relación. La función del esposo en el matrimonio no es de jefe. No es de señor, maestro o mandamás. Es de fuente. De la misma manera en que Dios es el proveedor del esposo, el esposo debe proveer para su esposa financieramente, emocionalmente, mental y espiritualmente.

Piense en el esposo como la cabeza, al igual que un manantial es la fuente del agua. El manantial empuja el agua hacia afuera de la tierra. ¿Ve la imagen? La función del esposo es colocarse bajo la esposa e impulsarla hacia arriba. El éxito de ella depende de la obediencia de él para ser la fuente de ella. A causa de él, ella podrá: pasar desapercibida, regar escasamente las pocas pulgadas alrededor del manantial, o explotará como un gran chorro, saliendo con fuerza hacia arriba, y mojando áreas que ella nunca antes imaginó poder alcanzar. Ella no es menos importante que él. Él no es mayor que ella. Son un equipo, tienen una posición igual, pero una función diferente.

Algunas veces el problema dentro del matrimonio no es que sufra del síndrome "del jinete sin cabeza". Con frecuencia, a los hombres se les culpa de no tomar el liderazgo; pero con la misma frecuencia, las mujeres usurpan la posición de liderazgo dentro del hogar creando un orden no autorizado por Dios. En estas familias, hay una batalla constante con un "monstruo de dos cabezas". El diseño de Dios es que el esposo sea la cabeza. Las esposas que rehúsan someterse a este orden natural generan frustración constante en sus relaciones matrimoniales así como en sus hogares.

Cuando los no creyentes llegan a su casa, cuando viven en una relación lo suficientemente cercana como para observar su relación matrimonial, ellos deberían estar sorprendidos al ver la igualdad que existe entre ustedes. El mundo no piensa que sea posible tener igualdad total en un matrimonio donde el esposo es la cabeza. Ellos creen que esas dos ideas son diametralmente opuestas. El problema es que ellos nunca han sido presentados a nuestro Dios. Él ha avanzado con la deidad y la igualdad por toda la eternidad. El matrimonio nos da una oportunidad de demostrarle, a un mundo que duda, que el Dios trino sí existe y que Sus caminos son perfectos. Juntos, usted y su cónyuge, pueden demostrar la extraordinaria prosperidad que se alcanza cuando se vive en igualdad por la sumisión al orden prescrito por Dios.

Aceptar la diferencia

Una segunda forma en que el matrimonio refleja a Dios es que celebra la individualidad dentro de la unidad. Hay dos formas diferentes de definir la palabra "uno". La primera describe una soledad, como en ser el único: "Queda solo un pedazo de pastel de chocolate. ¡Mejor si lo agarras mientras puedes!".

Sin embargo, la manera en que en un matrimonio son "uno" realmente habla de la unidad que se alcanza a través de su pluralidad. En otras palabras, no puede haber unidad en el matrimonio a menos que haya dos individuos.

Nuestro sobrino jugó futbol americano en la escuela secundaria. En su último año, él se inventó un lema para el equipo: "Once corazones, un solo objetivo". Toda la escuela apoyó el lema con entusiasmo y lo pusieron en camisas y en carteleras y en anuncios. La gente reconocía el potencial detrás de once individuos juntos, en unidad, bajo el mismo objetivo. Aunque había once hombres diferentes en el equipo, con once funciones diferentes y once fortalezas diferentes y once debilidades diferentes, ellos eran un solo equipo. En sus uniformes, había solo un nombre. En el campo, ellos trabajaban hacia un solo objetivo. En el juego, ellos actuaban a partir de un solo plan de juego. Al final, ellos compartieron un solo trofeo. Ellos era un grupo de individuos convirtiéndose en uno solo.

Dios es solo un Dios, pero Él también es tres personas muy diferentes. Cuando hablamos acerca de Jesús, pensamos en los rasgos divinos que Él mostró durante Su tiempo sobre la tierra. Él era humilde, valiente, amable y compasivo. Dios el Padre podría tener esas características también, pero cuando pensamos en Él, nos lo identificamos con Su paternidad y deidad. Él es santo, amoroso, justo y soberano. El Espíritu Santo está en un ámbito muy propio. Lo conocemos como el consolador, quien nos faculta, el misterioso. Todos ellos son tan únicos; aun así, Dios es solamente uno. Ellos funcionan en perfecta unidad, no porque todos sean lo mismo, sino porque sus diferencias les permiten unirse para completar la plenitud de quiénes son como Uno.

El matrimonio, el matrimonio rendido, comprometido a reflejar a Dios, mostrará la misma cualidad. Los hombres y las mujeres son muy diferentes. Nosotros somos tan diferentes. Cuando vemos una película juntos, yo (Robert) me quedo asombrado del talento de una niña de cinco años que llora de manera tan convincente, y del ángulo de la cámara que está colocado de manera tan perfecta que sus lágrimas destellan bajo las luces. Debbie, por otro lado, llora junto con la niña de cinco años porque ella está involucrada en la historia. Somos diferentes. Cuando vamos de compras, a mí (Debbie), me encanta ver y probarme cosas y admirar lo que hay. Me llena de gozo. Robert, por otro lado, trata de superar su mejor tiempo al entrar y salir de la tienda con la menor cantidad de problemas que sea posible. Somos diferentes. Para quedar bien con los gustos de ambos, una noche romántica tendría que incluir una cena a luz de velas en un restaurante, seguida de ver el juego en la pantalla grande de televisión con un tazón de palomitas de maíz, regadas por todo el piso, porque estamos saltando y animando al equipo favorito. Somos diferentes.

Nuestras diferencias e individualidad no tienen que ser reprimidas para experimentar unidad. De hecho, estas no deberían ser sacrificadas. Al celebrar la diferencias de cada uno y usar esas fortalezas y pasiones para edificar su matrimonio, usted refleja el mismo tipo de unidad en la cual la Trinidad se ha desempeñado todo el tiempo. Satanás quiere convencerle de que las peculiaridades de su cónyuge solamente debilitan su matrimonio y, por lo tanto, usted debería hacer todo lo que pueda para cambiar a esa persona para que sea más como usted; ¡malo! Escoger unidad, luchar por la unidad a través de los desafíos de sus diferencias, muestra obediencia al llamado que Dios ha puesto sobre el matrimonio cuando Él lo creó en el principio. Usted se encontrará en camino a un matrimonio más bendecido porque, juntos, están cumpliendo el propósito de representar a un Dios trino, seres individuales unidos como Uno debido a su singularidad.

Nunca darse por vencidos

Finalmente, el matrimonio representa la imagen de Dios cuando uno descansa bajo la garantía del compromiso total. Dios el Padre, Dios el Hijo y Dios el Espíritu Santo nunca van a separarse. Ellos nunca van a divorciarse. Ellos están completamente comprometidos entre sí.

En el pasaje de Mateo 19 que vimos antes, Jesús da la impresión de estar un poco perturbado de que los fariseos se hayan atrevido a hacerle una pregunta acerca de tolerar el divorcio. Mire, Jesús conocía el propósito original del matrimonio; Él conocía la intención de Dios para que un hombre y una mujer lo representaran ante el mundo a través del matrimonio. Debido a que Él sabía esto, la idea de que el hombre considerara representar a Dios ante el mundo a través del divorcio lo exasperaba. Esto comunicaría sería que Dios es alguien que rompe pactos, y Dios no rompe los pactos.

"Porque yo detesto el divorcio —dice el Señor, Dios de Israel— y al que cubre de iniquidad su vestidura —dice el Señor de los ejércitos—. Prestad atención, pues, a vuestro espíritu y no seáis desleales".

Malaquías 2:16

Dios odia el divorcio. Ahora, lea eso de nuevo: Dios odia el divorcio. Él no odia a la gente divorciada. Él odia el divorcio porque cubre a la gente de violencia. Dios ama a la gente, y Dios ama el matrimonio. Él creó el matrimonio. Sin embargo, el divorcio nunca fue el plan de Dios para el matrimonio. Él nunca tuvo la intención de que esposos y esposas, niños y nietos tuvieran que pasar por esta agonía.

Si la Biblia dijera que Dios odia los accidentes de carros, eso no significaría que Él odia a la gente que ha tenido accidentes de carro. Él odiaría los accidentes de carros porque lastiman a la gente. En la misma forma, Él odia el divorcio porque Él ama a la gente y el divorcio lastima a la gente. Dios ama a la gente y, por lo tanto, Él odia el divorcio. Su plan para el matrimonio excede por mucho aquello con lo que la gente se conforma hoy día.

El divorcio no solamente lastima a la gente; ofende a Dios. Cuando una pareja va al matrimonio reservándose el derecho al divorcio si las cosas van mal, ellos están representando mal a Dios porque Él está totalmente comprometido con la unidad de la Trinidad.

Por favor, comprenda que cuando usted decide que el divorcio será una opción para su matrimonio si su cónyuge alguna vez , (llene el espacio en blanco usted mismo), usted le dirá a Satanás exactamente cómo atacar a su cónyuge para destruir su matrimonio. Lo desafío a renovar sus votos matrimoniales con nuevo fervor hoy. Decidan imitar el ejemplo de la Trinidad al prometerse el uno al otro que el divorcio nunca será una opción. Decidan hoy que, sin importar lo que haga su esposo, sin importar lo que haga su esposa, ustedes nunca escogerán el divorcio. Desarme a Satanás. Deshágase de la artillería pesada que él está apuntando hacia su cónyuge. En lugar de eso, invite la ayuda y la bendición de Dios a su matrimonio para verlo prolongado y victorioso.

Dios nos ha confiado el privilegio y la responsabilidad de ejemplificar Su carácter ante un mundo que no lo entiende a Él. Como individuos tenemos atributos del Padre, de Jesús o el Espíritu Santo. Pero como parejas casadas, podemos darle al mundo una idea de la Trinidad: tres personas únicas, que funcionan igualmente bajo el liderazgo del Padre, siempre comprometidos a unirse el uno con el otro. El Padre, el Hijo y el Espíritu Santo están tratando de llegar a un mundo moribundo. ¡Su matrimonio tiene un papel para que el mundo conozca a Dios! Acercarse a su relación matrimonial con este propósito en mente debe darle un enfoque renovado y energía para vivir gratificantemente delante de Dios.

Durante los siguientes nueve capítulos, queremos compartir algunas verdades que Dios nos ha enseñado, durante más de 26 años de matrimonio, y que han traído la bendición a nuestras vidas. Dios quiere bendecir su matrimonio también, porque Él sabe que un matrimonio bendecido representará una imagen más precisa de Él mismo. Abran sus manos, abran sus corazones y reciban el apoyo que les deseamos transmitir a ustedes.

El primer milagro de Jesús fue en una boda, convirtiendo el agua en vino. El agua representa la supervivencia. El vino representa la alegría. Permita que Jesús obre en su matrimonio un milagro de transformación que lo llevará de la simple supervivencia a una increíble alegría.

Capítulo 2

CONVERTIRSE EN UNO

Dios ha puesto un llamado supremo sobre los matrimonios para que lo reflejen a Él, pero ¿cómo podemos llegar a una posición dèsde donde podamos hacer eso? Hemos aprendido que solo hay una forma de honrar a nuestro Creador y llegar a ser uno: Ambos tenemos que morir.

Por favor, aún no cierre el libro ni renuncie a la confianza en nosotros. Entendemos que la muerte no era la alternativa al matrimonio que usted estaba buscando cuando tomó este libro. Pero piénselo por un minuto. Si tiene una relación con Dios ahora, la recibió a través de la muerte. Jesús murió por usted. Su muerte le dio vida. Y usted solo recibió la vida que Él ofreció eligiendo morir también.

La lógica terrenal nos dice que la muerte solo trae dolor, pérdida y que es definitiva. La muerte debe lamentarse, no aceptarse. Solo cuando tenemos la visión del Reino, la verdad acerca de la muerte cobra vida. Así como la muerte de Jesús abrió la puerta de vida a millones que Lo siguen, su elección de morir abrirá la puerta a una nueva vida en su matrimonio.

Desbloquear la Puerta a la bendición

En el capítulo anterior, vimos la conversación de Jesús con algunos fariseos acerca del divorcio. En esa conversación, Él hace referencia a las instrucciones originales que Dios les dio a las parejas casadas justo después de que Eva fuera creada de la costilla de Adán:

> *"Por tanto el hombre dejará a su padre*
> *y a su madre y se unirá a su mujer,*
> *y serán una sola carne".*

Génesis 2:24

La frase "serán una sola carne" se encuentra cinco veces en la Escritura. Después de que Dios la acuña en el Génesis, Jesús la cita en Mateo 19 y en Marcos 10 para ayudar a aclarar la intención del Padre respecto al matrimonio. En Efesios 5, Pablo se refiere de nuevo a ella en sus instrucciones a los esposos y esposas. Así, en estas cuatro citas, la frase "serán una sola carne" se aplica a la relación conyugal.

El quinto uso de esta frase da un giro que no esperábamos. En 1 Corintios 6:16, Pablo dice:

> *¿O no sabéis que el que se une a una ramera es*
> *un cuerpo con ella?*
> *Porque Él dice:*
> *"Los dos vendrán a ser una sola carne".*

En los otros cuatro pasajes, los dos "siendo una sola carne" destacan la unidad de una pareja casada. Aquí, sin embargo, "serán una sola carne" cambia el enfoque de la unidad a la carne. Pablo señala que cuando un hombre tiene relaciones sexuales con una prostituta, él se convierte en una sola carne con ella.

¿Le molesta esto? Hasta ahora, hemos visto a dos convertirse en una sola carne como un símbolo importante de la unidad divina, pero aquí eso se ha desvalorizado. El sexo hace a un esposo y una esposa una sola carne, pero también convierte a un esposo y a una prostituta en una sola carne.

Continuemos la lectura. El siguiente versículo dice:

> *Pero el que se une al Señor,*
> *un espíritu es con Él.*
>
> 1 Corintios 6:17

Como hijo de Dios, usted tiene una estrecha relación con el Señor. Su relación con Él no es física, sino espiritual. Usted unió su espíritu con el Suyo para convertirse en uno con Él. Estimada pareja: este también es el llamado más alto del matrimonio. Si usted ha estado casado por más de una semana, usted sabe que unirse físicamente no le da un matrimonio exitoso. ¡El sexo no es la clave de la unidad! Sin embargo, convertirse en un mismo espíritu, lo es.

Entonces, ¿cómo llegó a ser un espíritu con el Señor? Ya lo dijimos: usted murió. Usted murió a su voluntad, a sus deseos y a hacer las cosas a su manera. Así que, ¿cómo puede llegar a ser un espíritu con su cónyuge? Usted muere. Para que usted tenga un matrimonio exitoso, ambos tienen que morir. Usted tiene que ser capaz de decir: "Yo moriré para que tú puedas vivir". Esto significa que usted muere a sus intenciones ocultas. Cede el derecho de paso. Desciende del primer lugar y eleva a su cónyuge en su lugar.

¿Cómo sería si uniera su espíritu con el espíritu de su cónyuge y ambos se unieran con el Espíritu de Dios y los tres se movieran en la misma dirección, juntos, con el mismo propósito? ¿Cree que se vería como un matrimonio exitoso? ¡Apueste a que sí sería!

Debido a nuestro papel ministerial, hemos tenido la oportunidad de aconsejar a muchas parejas. Después de horas y horas escuchando y asesorando, hemos descubierto algo: El problema con la consejería matrimonial, hoy en día, es que estamos aconsejando a personas vivas. La consejería matrimonial ni siquiera sería necesaria si tanto el esposo como la esposa, simplemente, murieran. Nunca hemos conocido a una pareja con un problema matrimonial que no pueda ser resuelto con esta terapia. Cuando un esposo decide morir por su esposa y una esposa decide morir por su esposo, todos los problemas se resuelven.

¿Sabía que Dios diseñó el matrimonio para ayudarle a morir? Él no le dio un cónyuge para que usted pueda ser feliz y estar enamorado y envejecer con él o ella. El mayor deseo de Dios para usted es que usted muera a su ego. ¿Por qué? Porque la Biblia nos dice que el plan de Dios para nuestra vida es llegar a ser como Jesús. Cuando muere a su ego y vive para su cónyuge, usted se parece a Jesús. Y, por cierto, ¡también es feliz y está enamorado!

Como creyentes, ¿qué sucede cuando nuestros cuerpos mueren? Nosotros vamos al cielo. Bueno, adivinen qué. Lo mismo sucede en nuestros matrimonios cuando morimos: vamos al cielo. El matrimonio se convierte en el paraíso terrenal cuando morimos a nosotros mismos. El cielo es el cielo, porque es una comunidad de personas que actúan como

Jesús. Su hogar podría ser el mismo tipo de lugar: dos personas que viven como Jesús, que disfrutan de la dicha del paraíso terrenal.

El matrimonio no es un contrato

La sociedad estadounidense es una sociedad contractual. Cuando usted obtiene un trabajo, usted firma un contrato laboral. Cuando usted compra una casa, usted firma una hipoteca. Cuando usted compra un vehículo, usted firma un contrato de préstamo. El objetivo de todo contrato es proteger sus derechos y limitar sus responsabilidades. El contrato establece los límites dentro de los cuales usted está obligado a actuar, pero también establece expectativas respecto a la otra parte y proporciona una salida para ustedes si las especificaciones del contrato no llegaran a cumplirse.

Como estadounidenses, estamos tan acostumbrados a entrar en contratos que hemos llevado el espíritu del contrato a nuestros matrimonios. Si bien no existe ningún documento legal que el esposo y la esposa firmen el día de su boda que establezca parámetros o expectativas específicas, usted puede estar seguro de que el contrato se mantiene firme en sus corazones y mentes. La mayoría de las actitudes en el hogar son más o menos así: "No me exijas demasiado. Todavía tengo el derecho de ser mi propia persona, y no voy a renunciar a mi vida. Si este matrimonio requiere más de lo que estoy dispuesto a dar, me voy de aquí".

Los matrimonios no pueden sobrevivir con un espíritu de contrato. Indudablemente, terminarán en divorcio. Si Jesús es nuestro ejemplo de cómo debemos tratar a nuestros cónyuges, debemos llegar a ellos con la misma actitud con la que vino Jesús. Filipenses 2:5–8 pinta una hermosa imagen del ejemplo de Jesús:

> *Haya, pues, en vosotros esta actitud que hubo también en Cristo Jesús, el cual, aunque existía en forma de Dios, no consideró el ser igual a Dios como algo a qué aferrarse, sino que se despojó a sí mismo tomando forma de siervo, haciéndose semejante a los hombres. Y hallándose en forma de hombre, se humilló a sí mismo, haciéndose obediente hasta la muerte, y muerte de cruz.*

Jesús vino con humildad, con el deseo de servir. Su motivación no residía en lo que Él se merecía, sino en lo que sería necesario para que la relación con Su futura esposa fuera posible. Lo que se necesitó fue Su vida misma. Jesús vino a hacer un pacto con nosotros, no a entrar en un contrato.

Para librarse a sí mismo del espíritu de contrato, usted debe estar dispuesto a sacrificar sus derechos. Cuando era soltero, se cuidaba a sí mismo, cuidó de sí mismo y mantuvo todo lo preciado y valioso para sí. Como individuos, protegemos nuestro derecho de prioridad, propiedad y privacidad. Para poder convertirse en uno, ustedes tienen que sacrificar esos derechos.

Buscar al número uno

El primer paso para liberar a su cónyuge de su espíritu de contrato es renunciar a su derecho de prioridad. Usted ya no puede ser la persona más importante en su vida. Ya no puede buscar satisfacer sus necesidades primero. Usted debe degradar cualquier cosa en su vida que, para usted, sea más importante que su cónyuge. Básicamente, esta es la promesa que usted debe de hacer: "Te doy el derecho de ser la primera prioridad en mi vida y de abandonar cualquier cosa que percibas como competencia".

En Génesis 2:24, cuando Dios vio a Adán y a Eva juntos y dijo: "Por tanto el hombre dejará a su padre y a su madre y se unirá a su mujer", Él no les estaba hablando a Adán y a Eva. ¡Ellos ni siquiera sabían qué era una madre y un padre! Dios quería que nosotros supiéramos que cuando nos casamos, debemos dejar la relación más significativa en nuestras vidas y elevar a nuestro cónyuge a esa posición.

¿Qué tiene prioridad en su vida en este momento? ¿Qué piensa su cónyuge que tiene prioridad en la vida de usted? ¿A qué está dispuesto a renunciar a fin de lograr la unidad que necesita para experimentar el paraíso terrenal? Renunciar a su derecho de prioridad es el primer paso esencial para traer bendición a su hogar.

Lo que es mío es nuestro

El segundo derecho al que tiene que renunciar en su matrimonio es el derecho de propiedad. No hay un "mío"; solo hay un "nuestro". Las personas egoístas no pueden tener un matrimonio exitoso. Nunca funcionará. La actitud de "mío" y "tuyo" levanta un muro entre ellos, y dos no pueden convertirse en uno si hay un muro en medio.

La propiedad aplica a más áreas de su vida de las que podría pensar. Por supuesto, se aplica al dinero y a los bienes materiales. Las mujeres que piensan: "Lo que él gana es nuestro, pero lo que yo gano es mío", no han renunciado a su derecho a la propiedad. Los hombres que aíslan sus cosas en un rincón del garaje con un gran rótulo

UN MATRIMONIO DE BENDICIÓN

de "No Tocar" pegado, no han renunciado a su derecho a la propiedad.

Pero renunciar al derecho a la propiedad va más allá de lo material. Una cosa que todos poseemos es nuestro cuerpo, y usualmente nos aferramos a nuestros derechos sobre nuestros cuerpos hasta la muerte. 1 Corintios 7:4 dice:

La mujer no tiene autoridad sobre su propio cuerpo, sino el marido. Y asimismo el marido no tiene autoridad sobre su propio cuerpo, sino la mujer.

Hombres, estoy seguro de que están diciendo, "¡Ella puede tener autoridad sobre este cuerpo en el momento que quiera!". Pues bien, entonces, levántese del sofá y saque la basura como ella se lo ha pedido cientos de veces. Si ella es dueña de su cuerpo, vaya a cortar el césped, afloje la tapa del frasco y alcance la repisa de hasta arriba. Su cuerpo no le pertenece a ella solamente en la cama, es de ella cuando necesita una mano extra, un poco de ayuda o músculos más fuertes. Usted le pertenece a ella.

Mujeres, ¿están gritando "¡Amén!"? Bueno, antes de que se emocionen demasiado, recuerden que este versículo va en dos direcciones. Su cuerpo no es suyo tampoco. Él tal vez no necesite que usted saque la basura o que vaya a la tienda, pero él sí necesita su cuerpo. Los hombres tienen necesidad de sexo. Ellos no solamente tienen deseo o antojo, tienen necesidad. De hecho, las encuestas muestran que el sexo es una de las mayores necesidades del hombre, en segundo lugar después del honor. Cuando su esposo necesita su cuerpo, no es suyo para negarse. Usted debe renunciar al derecho de su cuerpo y darle prioridad a la necesidad de su esposo. Renuncie al derecho a la propiedad. Lo que es mío es nuestro.

Un libro abierto

El último derecho al que tiene que estar dispuesto a renunciar es su derecho a la privacidad. Después de que usted dice "acepto", no hay nada en su pasado, nada en su armario, nada en su futuro que deba restringírsele a su cónyuge. Usted debe dar el derecho al acceso libre y sin obstáculos a todo aspecto de su vida, incluyendo el derecho a quejarse o confrontarle respecto a cualquier asunto sin temor a represalias.

Antes que el pecado entrara en el mundo, Adán y Eva "estaban ambos desnudos, el hombre y su mujer, y no se avergonzaban" (Génesis 2:25). Ocultar solo trae vergüenza. El matrimonio debe ser un lugar de aceptación y ánimo. Debe ser un refugio donde cada uno pueda ser tal y como es, con su historia y sus esperanzas, para encontrar una aceptación amorosa sin hacer preguntas. Con un santuario como ese para refugiarse, el matrimonio puede lograr la intimidad que Dios tiene planeada.

Ustedes pueden tener un lugar de refugio solo si ambas partes aceptan renunciar a su falta de sensibilidad y su inseguridad. Si su cónyuge es realmente su primera prioridad, usted buscará comunicarse con él o ella en una forma gentil, paciente y complaciente. Cuando su esposo (o esposa) le hable o le responda de una forma áspera, elija confiar en el amor de su corazón hacia usted y pida una aclaración. No permita que Satanás le robe el dulce regalo de la intimidad. Renuncien a su derecho a la privacidad y acéptense mutuamente con el más alto favor.

El matrimonio es un pacto

Jesús vino renunciando a Su derecho de ser alabado por toda la creación, entregándose al plan del Padre para Su crucifixión y revelando Su amoroso corazón al mundo. Pero incluso más que eso, Jesús cargó con nuestras responsabilidades. Todos éramos responsables por nuestros pecados y enfrentábamos el juicio que aseguraba la separación de Dios. Jesús vino a tomar esas responsabilidades y cargar con ellas por nosotros. Él pagó por nuestros pecados y tomó el juicio por nosotros. Como ve, Jesús no vino para cumplir un contrato; Él vino para entrar en un pacto.

"Pacto" significa "cortar". Jesús fue cortado por nosotros, y Su sacrificio nos dijo que Él no solo había renunciado a todos Sus derechos por nosotros, Él también había tomado todas nuestras responsabilidades. ¿Está usted dispuesto a ser cortado por su cónyuge? Dios diseñó el matrimonio para que fuera un pacto. Cuando Él creó a Eva, Él literalmente cortó el costado de Adán, tomó una costilla y de allí la formó a ella. Un pacto fue cortado. Entrar a su matrimonio con un espíritu de pacto dice: "Voy a renunciar a todos mis derechos, con el fin de satisfacer tus necesidades, incluso hasta el punto de morir. Además, asumiré una gran responsabilidad por el éxito de nuestro matrimonio".

En un contrato, usted está libre de la obligación si la otra parte no cumple con el acuerdo. En un pacto, sin embargo, usted se compromete a asumir toda la responsabilidad, así que no importa lo que su cónyuge haga, no hay salida. Toda la responsabilidad es suya. Un pacto es irrevocable, incondicional e inquebrantable. Jesús no puede recuperar la sangre que derramó en la cruz. Dios nunca se retracta de Sus promesas. Romper un pacto no va con Su manera de ser. A medida que nuestros matrimonios reflejan a Dios, nosotros también debemos estar comprometidos con los pactos que hacemos con nuestro cónyuge. Esto no solo significa renunciar a todos nuestros derechos, sino que también significa asumiendo algunas responsabilidades específicas que nutran la relación y la hagan duradera.

El más grande de estos es el amor

Cuando usted entra en un pacto con su cónyuge, principalmente, se está comprometiendo a asumir la responsabilidad de amar. Porque Dios es amor y porque usted ha recibido Su amor a través de Jesús, usted debe amar con el amor de Cristo. En términos prácticos, usted debe aprender a amar según el estándar de Cristo, a pesar de todo. Y cuando usted no alcance dicho estándar (y sin duda no lo alcanzará), comprométase a no justificar su comportamiento jamás.

¿Por qué es tan difícil? Es el "a pesar de todo" lo que lo convierte en un reto. Elegimos amarnos el uno al otro sin importar en qué estado de ánimo nos encontremos, sin importa cuáles sean las circunstancias, sin importar la reacción, sin importa cómo nos sentimos. ¡A pesar de todo! No estamos acostumbrados a este tipo de amor; bueno, al menos no a dar este tipo de amor. Jesús nos ama, a cada uno de nosotros, exactamente de esta forma todos los días, y lo recibimos sin reservas. Pero cuando se trata de darlo sin reservas, nos quejamos de que es una carga demasiado pesada.

Por lo general, elegimos amar cuando la otra persona está actuando de la forma que queremos o cuando nos sentimos particularmente cálidos y felices o cuando queremos que la otra persona haga algo por nosotros. Este no es el amor que Jesús demostró. Este es el modelo de amor terrenal que, por consiguiente, no es ni siquiera amor verdadero. El amor terrenal es en realidad amor propio. Amarse a sí mismo no es asumir la responsabilidad de otro. Es aferrarse a sus propios derechos.

Por ejemplo, esposos, ¿alguna vez han tenido esta conversación en su cabeza? "¿Que quiere que yo haga qué por ella? ¿Cómo espera que yo haga un mayor esfuerzo siendo ella tan irrespetuosa conmigo? Quiero decir, ella ni siquiera aprecia que yo trabajo duro todos los días para darle esta vida. El día que yo haga eso por ella, será el día en que me dé un pequeño reconocimiento".

¿Qué hay de ustedes, esposas? ¿Esto les suena familiar? "Si me toca una vez más…¿Acaso no ve lo enojada que me pone? Es decir, él llega, ignorando a los niños, se sienta frente al televisor sin decir siquiera '¿cómo estuvo tu día?' y luego quiere que me derrita por él cuando las luces se apagan. Pues, ¡qué se olvide!".

Esposos, esposas, Dios no los hace responsables de la forma en que su cónyuge los trata, pero Él le pedirá cuentas a usted de cómo fue su trato hacia él o ella. El pacto es el compromiso de amar a pesar de todo, en la acción o reacción, de palabra, hecho o pensamiento.

Alcanzar las estrellas

Dios tiene un maravilloso plan para su cónyuge. Él ha dotado a cada uno de ustedes con increíbles talentos y les ha entregado sueños a ambos para que hagan un impacto en este mundo. Al entrar en el pacto matrimonial, ustedes asumen la responsabilidad de hacer todo lo posible para ayudar al otro a alcanzar su máximo potencial y a lograr la perfecta voluntad de Dios. Ustedes se convierten en socios de Dios para ver que se cumplan los sueños de su amado o amada.

Dios creó al hombre para que alcanzara su potencial con la ayuda de una mujer. Y Él creó a la mujer para que alcanzara su potencial con la ayuda de un hombre. Los no creyentes no entenderán esto, pero es la verdad. A las feministas, en particular, les parecerá ofensivo. Desde la caída de la humanidad, los hombres han maltratado a las mujeres. No estando dispuestas a soportar más maltratos, las mujeres dejaron de confiar en los hombres para que cuidaran de ellas. Comenzaron a enseñarles a sus hijas que los hombres les fallarían; por lo tanto, era mejor que aprendieran a andar por la vida sin ayuda alguna. Es comprensible que las mujeres hayan llegado a tales conclusiones, pero eso no hace que sus conclusiones sean correctas. Si los hombres comenzaran a amar a las mujeres como Cristo ama a la iglesia, si ellos comenzaran a honrarlas y motivarlas para que alcancen su máximo potencial, las mujeres depondrían las armas, y el movimiento feminista se disolvería.

Cuando usted esté ante Dios y dé un recuento de su vida, Él le preguntará qué fue lo que hizo con el regalo más preciado que Él le dio. Usted será responsable del éxito de su esposo o esposa. ¿Qué dirá? Su destino no se limita solo a lo que hace y en lo que se convierte. Lo que su cónyuge llegue a ser impacta en su destino también. Sea de bendición. A medida que su esposo alcance las estrellas, anímelo. A medida que su esposa suba la escalera del éxito, dele un impulso.

Vivir por la Palabra

Muchas mujeres en la iglesia desprecian Efesios 5, porque les ordena someterse a sus esposos. Hasta las mujeres cristianas más fuertes han luchado con esa orden. Los hombres pueden ayudar a sus esposas a entender y cumplir con esta norma viendo unos pocos versículos previos y uniéndose en la humildad de ella. Antes de que les diga a las mujeres que se sometan, Pablo desafía a todos los creyentes "…sed llenos del Espíritu…sometiéndoos unos a otros en el temor de Cristo". (Efesios 5:18, 21). La tercera responsabilidad que debemos estar dispuestos a asumir en el matrimonio es someterse el uno al otro. Usted debe decirle a su cónyuge: "Yo asumo la responsabilidad de servirte primero al someter mi vida al Señorío de Jesucristo y al someterme a Su Palabra como el estándar para mi vida y nuestro matrimonio y familia". El matrimonio es para ser mutuamente sumiso, ya que primero se someten a Dios y después se comprometen a servirse el uno al otro.

Cada relación atravesará conflictos. La prueba para el pacto matrimonial es lo que hacen con ese conflicto. Se ha estimado que menos de un tercio de las parejas cristianas usan la Biblia para resolver conflictos. Esto significa que ni siquiera uno de cada tres matrimonios cristianos se basa en la Palabra de Dios para resolver sus diferencias. Como cristianos, decimos que creemos que la Biblia es la fuente de la verdad y que contiene dirección que se aplica a nuestras vidas, pero cuando no estamos de acuerdo, ¿nos dirigimos a ella?

Jesús nos dijo que el mayor mandamiento es amar a Dios y el segundo mayor mandamiento es amar a los demás como nos amamos a nosotros mismos. La Biblia le dice a los esposos que amen a su esposa como Cristo ama a la iglesia, y les dice a sus esposas que respeten a su esposo como cabeza del hogar. Estas son directrices muy claras en la Escritura que podrían resolver muchas de las discusiones inmediatamente.

La Biblia está llena de sabiduría esperando a ser probada y demostrada como válida en nuestras vidas. Lo que tenemos que hacer es ir a la Palabra cuando nos encontremos en los lados opuestos de un problema.

Una persona comprometida a un contrato matrimonial se involucraría en una pelea para demostrar que él o ella tiene razón. Sin embargo, en el pacto matrimonial ya se ha renunciado al derecho a la prioridad, mientras que las responsabilidades de amar y honrar y someterse han sido asumidas. El conflicto le debe conducir a descubrir que lo que Dios dice es lo mejor para su matrimonio. Si usted está preocupado de que al acercarse al conflicto de manera tan pasiva hará que se aprovechen de usted, recuerde Quién es su defensor. Jesús está comprometido con usted. Él quiere que todas las cosas juntas trabajen para su bien. Pero si usted interviene e intenta hacer que todo mejore en su vida o en la vida de su cónyuge, usted le roba la oportunidad a Jesús. Solo Él puede cambiar a su cónyuge. Solo Él puede cambiarlo a usted. Cuando usted se compromete a la sumisión en su matrimonio, usted le da a Él el control. Cuando Él está al volante de su matrimonio, puede confiar en que Él lo conducirá a lugares a los que solo la sabiduría y la bendición pueden acceder.

Estamos conscientes que tanto usted como su cónyuge pueden no estar encantados con esta idea de morir a al ego y vivir en un pacto. Es muy posible que usted tenga que dar un paso de obediencia en fe para convertirse en el tipo de esposo o esposa que se supone debería ser, con el fin de salvar su matrimonio. Todo pacto tiene que tener un redentor. *El redentor es la persona que muere primero.* Jesús fue nuestro Redentor. Romanos 5:8 dice:

Pero Dios demuestra Su amor para con nosotros, en que siendo aún pecadores, Cristo murió por nosotros.

Jesús murió por nosotros antes de que nosotros muriéramos a nuestro pecado. ¡Él murió primero y nos redimió de nuestro egoísmo! Su relación necesita un redentor. ¿Usted está dispuesto a morir primero? ¿Renunciará a sus derechos y asumirá las responsabilidades de la otra persona? Si usted está en un mal matrimonio, comprométase a ser el redentor. Comprométase a hacer su parte, incluso si la otra persona no lo hace. Lleve al espíritu del pacto a su matrimonio, y saque de allí al espíritu de contrato. ¡Haga lo correcto a pesar de todo, y Dios lo bendecirá!

Yo (Robert) recuerdo otra *discusión* que Debbie y yo tuvimos hace unos años. Había escalado a un punto más allá de donde debió haber llegado. Nosotros solo seguíamos peleando, y de alguna forma, en medio de ello, escuché a Dios hablar. Él dijo: "Cállate". Por favor, no se ofenda de que Dios hable así; Él solo es brusco porque soy tan cabeza dura. Como sea, Él me dijo que me callara, y por supuesto, yo le respondí con: "Pero, pero, pero". Otra vez dijo: "Cállate". Yo argumenté: "Pero Dios, ¡yo estoy bien, yo tengo razón!" Nunca olvidaré Su respuesta. "¿Quieres estar *bien*, o quieres estar *bien con Debbie*?".

Renuncie a los derechos de prioridad, propiedad y privacidad. Asuma las responsabilidades de amor, honor y sumisión. Comience a vivir el pacto matrimonial muriendo a sí mismo. Nada justifica un esposo desamorado, y nada justifica una esposa que deshonra. Si usted tiene un mal matrimonio, aplique medicina en él, no sal. Un esposo amoroso puede sanar a una esposa deshonrosa. Una esposa honorable puede sanar a un esposo desamorado. Confíe en que Dios llevará su matrimonio a un lugar de muerte para que su hogar pueda convertirse en la morada de Cristo.

Para un creyente, lo que hay más allá de la muerte es el paraíso. Lo que hay más allá de la muerte para el matrimonio de un creyente es el paraíso terrenal.

Sección 2:

¡No hay nada de malo
con ser fuerte!
*El mensaje de Robert
para los hombres*

Capítulo 3

ACCEDER
A LA FUENTE

Este libro es intimidante. Toda esta charla sobre verse como Dios y morir a uno mismo es abrumadora. Es decir, realmente, ¿quién puede satisfacer tan altas expectativas? Bueno, si hay una cosa que sé sobre los hombres, es que nos encanta el reto. Yo creo que aunque el pensamiento de cambiar y morir puede asustarlo demasiado, usted puede dar la talla. ¡Dios no lo ha preparado para el fracaso! De hecho, Él quiere, tan intensamente, que usted tenga éxito en su matrimonio, que le ha dado todos los recursos que necesita para lograrlo: la enseñanza que hay en Su Palabra, capacidad a través de Su Espíritu y confianza en Sus promesas.

Josué conocía bien las grandes responsabilidades. A él se le encargó conducir a Israel a la Tierra Prometida. Hablando de una tarea intimidante. Israel era una tribu de gente insignificante, nómada, entrando a un territorio ocupado por gigantes, protegido por poderosos guerreros y habitado por naciones fuertes y establecidas. Dios le había dicho a Israel que esta tierra sería suya, pero que solo la obtendrían luchando.

Antes de que Moisés muriera, le pasó el cargo del liderazgo a Josué. Tres veces le encargó a Josué que fuera fuerte (Deuteronomio 31:6–8).

Después de que Moisés murió, Dios mismo vino a Josué con el mismo mensaje, diciéndole tres veces más: "Sé fuerte y valiente..." (Josué 1:6–9).

Cuando Josué estuvo frente a la gente, por primera vez como su líder, ellos confirmaron el llamado en su vida, "Como obedecimos en todo a Moisés, así te obedeceremos a ti", y otra vez él escuchó:

> *"Solamente sé fuerte y valiente"*
>
> Josué 1:17–18

Si yo fuera Josué, pienso que me habría dado la vuelta y ¡habría salido corriendo de ahí! Siete exhortaciones para que fuera fuerte. Obviamente, si Josué quería guiar a Israel a la victoria, él tendría que ser fuerte.

Se supone que los hombres sean fuertes, no fuertes de una forma machista, dominante y musculosa, sino fuertes como Jesús. Nosotros debemos ser fuertes en carácter, en convicción, en madurez y en humildad. La sociedad puede decirnos que un líder fuerte desgarra, escala y manipula hasta llegar a la cima. Pero el ejemplo de Jesús demuestra que se necesita un hombre más fuerte para nadar contra la corriente de la cultura popular y elegir seguir a Dios en vez de eso.

Justo antes de que el rey David muriera, él le dijo algunas palabras muy fuertes de ánimo a su hijo, Salomón:

Sé, pues, fuerte y sé hombre. Guarda los manda-
tos del Señor tu Dios, andando en sus caminos,
guardando sus estatutos, sus mandamientos, sus
ordenanzas y sus testimonios.

1 Reyes 2:2–3

¿Quiere demostrar que es hombre? Sea fuerte en Dios. Obedezca y sométase a Su voluntad.

Pedro describe a la mujer como el "vaso más frágil" (1 Pedro 3:7) implicando que nosotros, como hombres, tenemos que ser fuertes. Déjeme darle otra palabra para fuerte: dócil. Las mujeres son los vasos más frágiles, y los hombres deben ser los vasos más dóciles. La docilidad es fuerza bajo control. La raíz de la palabra "dócil" en griego implica la acción de poner un freno en la boca de un caballo. El caballo es un animal fuerte, y poner un freno en su boca no debilita su fuerza. El freno amansa ese poder para que pueda ser dirigido. De la misma forma, Dios quiere canalizar su fuerza, no quitársela. De hecho, en aquellas áreas en las que usted es débil, Él quiere depositar Su poder en usted. Para que su fuerza alcance su máximo potencial debe ser amansada, estar bajo control. Como líder dócil, usted posee la fuerza requerida para guiar a su familia y el control necesario para dirigirlos hacia la piedad.

Fuerte en espíritu

Dios es quien me infunde fuerzas;
Dios es quien endereza mi camino;
Dios es quien me aligera los pies
y me hace correr como un venado:

Dios es quien me afirma en las alturas;
Dios adiestra mis manos para la combate,
y me da fuerzas para tensar el arco de bronce.

Salmo 18:32–34, RVC

David era poderoso en batalla, un ejemplo entre los hombres. Las mujeres bailaban y cantaban acerca de él: "Saúl ha matado a sus miles, y David a sus diez miles" (1 Samuel 18:7). Su reputación le precedía por todo Israel y más allá. Aunque sus acciones eran heroicas y las personas lo elogiaban profusamente, él se negó a acaparar la gloria para sí mismo. Él conocía la razón de su éxito. En el fondo, sabía que él solo era un joven pastor al que Dios le había otorgado favor. David sabía que sin Dios, él no sería nada.

¿Recuerda en el primer capítulo cuando dijimos que la Trinidad tenía igualdad en el liderazgo? Así como Dios el Padre es la cabeza de la Trinidad y, sin embargo, es igual al Hijo y al Espíritu, usted debe serlo con su esposa. ¿Recuerda el significado de "cabeza"? Es fuente. Usted es el resorte que está debajo de su esposa y le empuja hacia arriba. Esa es una responsabilidad demandante, que requiere mucha fuerza y resistencia. Afortunadamente, no se nos deja sin una fuente. En 1 Corintios 11:3 la Palabra dice, "la cabeza de todo hombre es Cristo, y la cabeza de la mujer es el hombre". Jesús es nuestra fuente. Él quiere estar debajo de nosotros y empujarnos hacia arriba. En Él, tenemos todo lo que necesitamos para ser la fuente de nuestra esposa.

Ahora bien, este es el secreto. Para que Jesús sea su fuente y fortaleza, tiene que conocerlo. Usted no solo puede saber acerca de Él, usted tiene que profundizar con Él. En algún lugar del camino, los hombres en la iglesia se convencieron de que el ser íntimo con su Salvador es una debilidad. Es por eso que algunos hombres se congelan como bloques de hielo durante la parte de adoración del servicio en la iglesia.

Explíqueme esto: ¿Por qué los hombres se paran como zombis los domingos por la mañana durante el servicio en la iglesia y actúan como salvajes el domingo en la tarde durante el partido de fútbol? Pensemos en esto. Once hombres comprometen sus vidas a un juego en el que el único objetivo es conseguir que un balón cruce una línea. Estos once hombres practican todos los días durante horas, esforzándose y sudando. Luego, una vez a la semana, ellos se suben a un avión para ir a cientos de millas para encontrar a otros once hombres que van a tratar de impedir que consigan que ese precioso balón cruce la línea. Entonces, entre cincuenta y setenta mil hombres se reúnen para ver cómo estos 22 jugadores se enfrentan. ¿Y qué es lo que hacen estos hombres cuando su equipo consigue que el balón cruce la línea? Saltan, suben las manos al aire, gritan, aplauden y bailan. Usted sabe que es cierto porque lo ha hecho. ¡Lo sé porque yo lo he hecho!

Aunque no hay nada de malo en el entusiasmo deportivo, debería hacernos reconsiderar nuestra adoración. En la Biblia, la adoración no es una actividad pasiva. Se nos manda aplaudir y aclamar (Salmo 47:1) y a levantar nuestras manos para bendecir al Señor (Salmo 134:2). Si somos capaces de hacerlo por nuestro equipo favorito, ¿por qué no podemos hacerlo por Aquél que murió por nosotros?

Los hombres deberían de ser los mayores adoradores en la iglesia, no las mujeres. La iglesia ha tenido un exceso de madres y pocos padres durante años. Una madre cría y cuida;

un padre le exhorta a llevar a cabo su destino. Hoy en día tenemos muchos hombres débiles en la iglesia, porque han recibido toda la crianza sin la instrucción. Estos hombres no alaban, porque ningún hombre les ha enseñado la fuerza de alabar a Dios.

Dios dice que Él habita en las alabanzas de Su pueblo (Salmo 22:3). Si quiere que Dios esté presente y activo en su hogar, alábelo. Él solo está esperando la invitación. Y cuando la música comience en la iglesia, espero que se voltee a la persona a su lado y diga: "Perdone, pero estoy a punto de tener un ataque. Es posible que desee moverse un poco, porque podría salir herido". Seamos apasionados en la alabanza hacia nuestro Señor.

Ya he mencionado el gran guerrero que era el rey David. Él mató a un león y a un oso con sus propias manos. ¡Una piedra de la honda de David derribó a Goliat! Para conseguir a su esposa, mató a doscientos hombres en batalla. David era un hombre que los demás admiraban, pero también era un adorador extravagante. Él no se avergonzaba de bailar frente a otros mientras alababa. Debido a que él estaba seguro de su hombría, David nunca se contuvo cuando alababa. Él alabó a Dios con todo su corazón y su fuerza.

Hermanos, un buen matrimonio es trabajo duro, y gran parte de la responsabilidad recae sobre sus hombros. Mi oración por ustedes es que se sigan el ejemplo de David y busquen a Dios para que los arme con la fuerza que necesitan para cumplir con el desafío y con la resistencia que necesitan todos los días. Pase tiempo adorando, conectándose con el corazón del Padre para que Su fuerza fortalezca sus relaciones con su esposa e hijos.

Fuerte sobre sus rodillas

A las mujeres les encanta burlarse de los hombres por su negativa para detenerse y pedir por direcciones. Ellas simplemente no lo entienden. Quiero decir, puedo llegar con tres horas de retraso, pero voy a averiguarlo por mi cuenta. ¡Esta es una cuestión de honor! Un hombre sabe cómo leer un mapa. Un hombre tiene un sentido innato de la dirección. Un hombre nunca debe preguntarle a otro hombre lo que ya sabe cómo hacer. Uno nunca debe reconocer la derrota ante otro compañero de batalla.

Ahora bien, esta actitud podría ser tolerable cuando usted está buscando un nuevo restaurante, pero cuando se trata de pedirle dirección a Dios, prepárese para ser humillado. El orgullo es lo contrario de la oración. El orgullo dice: "Yo lo puedo hacer por mi cuenta". La oración dice: "No hay forma en que yo pueda hacer esto por mi cuenta". La verdad del asunto es que usted no puede hacer su matrimonio por su cuenta. Su esposa es demasiado misteriosa, y Satanás es muy dañino. Deje de ver la oración como una debilidad; véala como una fuente de poder. Dios honra nuestra fe cuando venimos ante Él con nuestras necesidades, y usted sabrá que puede hacer más por su familia a través de la oración que a través de cualquier otro intento que haga con sus propias fuerzas.

Usted debe de ser el principal intercesor para su hogar. Incluso si su esposa tiene el don de la oración, usted todavía tiene más autoridad en la oración que ella cuando se trata de su familia. Como la cabeza, la fuente, Dios busca canalizar la bendición a través de usted. Busque esas bendiciones consistente y fervientemente en la oración.

Cada año, Dios me da un regalo especial. Hace unos veinte años, Debbie y yo comenzamos a darle a Dios un regalo extravagante en Navidad. Estábamos convencidos de que si le dábamos regalos de Navidad a todos los demás, ¿por qué no compartir un regalo con Jesús el día de Su cumpleaños? Así que empezamos a dar un regalo extravagante cada diciembre. Bueno, cuando yo empecé a hacer esto, Dios vino a mí y me dijo: "Me gustaría darte un regalo también. Cada año, pídeme algo grande. Haz que esa sea tu petición de oración todos los días durante todo el año, y déjame bendecirte". Me quedé pasmado, pero no rechacé Su oferta.

Un año en particular, Dios me preguntó qué quería, y yo le dije que tenía muchas ganas de ver a mis hijos enamorarse de Jesús. Oré por eso todos los días. Dios es tan bueno. ¡Ese año, mis hijos se enamoraron de Jesús! Mi hijo mayor comenzó llegar conmigo para decirme cosas como: "Papá, ¿sabías que la Biblia es realmente buena?", yo decía: "¿En serio? ¡Caramba!, no sabía eso, hijo. Nunca la he leído". No, en realidad le decía: "Sí, sí, lo es, hijo". Y él compartía cómo estaba aprendiendo a vivir conforme la Biblia todos los días porque es muy práctico. Comencé a observarlo en la adoración y me di cuenta de que estaba enamorándose de Jesús. Mi hijo de en medio tenía quince años ese año, y él aceptó a Cristo como su Salvador. Él había hecho una profesión de fe a los cinco años, pero era obvio para mí que realmente necesitaba ser radicalmente salvo, y ese año, él lo fue. Mi hija era joven, pero lo vi en su vida también. Ella se enamoró de Jesús. Dios obró poderosamente en la vida de mis hijos en respuesta a mis oraciones por ellos. Ese fue el regalo más preciado que recibí ese año, y creo que fue un regalo precioso para mis hijos también.

¿Qué hay de sus hijos? ¿Están actuando en rebelión? ¿Están atados al pecado que está devastando sus vidas? ¿Sus actitudes hacia usted apestan a insolencia? ¿Están atravesando sus años de adolescencia dolidos, inseguros y solitarios? Ore por ellos. No siempre vendrán a usted en busca de ayuda, pero eso no significa que no pueda ser su mejor aliado sobre la tierra. Levántelos en oración y vea al Padre hacer cosas increíbles en sus vidas.

Haga lo mismo por su esposa también. ¿Hay actitudes y hábitos en la vida de su esposa que sabe que deshonran a Dios? ¿Tiene ella un potencial que está sin explotar debido a la timidez o a la pérdida de oportunidades? Tal vez ella sencillamente tiene un horario exigente que la agota diariamente y necesita energía y motivación extra. Lo que sea que necesite, usted es su fuente; comience intercediendo por ella ante Aquel que puede sanarla, proveerle, ayudarla y animarla.

Una advertencia: Tenga en cuenta que las respuestas de Dios a sus oraciones por su familia pueden no ser lo que espera. Sepa que al orar por ellos, Dios puede, simplemente, cambiarlo a *usted* y enseñarle a *usted* cómo ser la respuesta que su familia está buscando. Recuerde, usted es Su representante en su hogar, por lo que, con frecuencia, será el medio por el cual Él canalice Sus bendiciones. Por ejemplo, tal vez la baja autoestima de su hijo será sanada si usted le dedica tiempo extra y le da palabras de ánimo. Tal vez la apretada agenda de su esposa pueda ser solucionada ofreciéndole una ayudante que vaya a limpiar la casa una vez a la semana. A veces Él intervendrá sin ninguna acción de su parte y lidiará con el problema; pero conforme ora, esté abierto a dejar que Dios lo use en la vida de su familia. Si usted es el problema, deje que Él lo arregle. Si usted no es el problema, deje que Él lo use.

Fuerte en liderazgo

John Maxwell nos enseña que "el liderazgo es influencia"[1]. Como líder en su hogar, usted está llamado para influir en su familia. Al ser fuerte en la alabanza, no solo influirá en la atmósfera espiritual de su hogar; usted le enseñará a su familia cómo adorar a Dios. A medida que se fortalece en la oración, usted no solo atraerá las bendiciones de Dios a sus vidas, sino que además será un ejemplo de cómo vivir dependiendo del Padre.

Cuando mi hijo, Josh, tenía cinco o seis años, yo llegaba al lado de su cama, todas las noches, para orar. Una noche, me había aburrido de sus oraciones porque él decía las mismas cosas todas las noches. Me quejé un poco con Dios acerca de la situación, y Él respondió con bastante rapidez: "Bueno, ¿quién le ha estado enseñando a orar? ¡Tú también dices las mismas cosas todas las noches! 'Señor, bendice a Josh. Protégelo. Ayúdale en la escuela'". Mire, yo estaba demasiado ocupado para enseñarle realmente a mi hijo a orar. Quería orar y hacer que se durmiera para que yo pudiera ir a buscar a mamá. "Hijo, digamos estas oraciones, métete bajo las sábanas y ¡no vengas a mi habitación!". Ustedes ya saben lo que quiero decir. Pero esa noche, Dios me mostró lo que mi egoísmo estaba enseñando, o más bien no enseñando, a mi hijo acerca de la oración. De manera que nunca corregí a Josh o le dije cómo debería estar orando. En lugar de eso, comencé a orar con él de la misma forma en que oraba en privado. Cuando dejé de orar con vana repetición, él dejo de orar con vana repetición. A medida me volvía más ferviente en la oración, él también lo hacía. En poco tiempo, Josh comenzó a hacer oraciones poderosas, apasionadas: "Señor, yo solo te pido que ayudes a Papá en el nombre de Jesús. Bendícelo, Señor. Ayúdalo en el trabajo. Ayúdale a predicar bien...".

Mire, como esposo y padre, usted es el pastor en su hogar. El predicador en su iglesia no es el pastor de su esposa. Los ministros infantiles y juveniles en su iglesia no son los pastores de sus hijos. Usted es el pastor de su familia. El personal de la iglesia solo ve a su familia una o dos veces a la semana. ¿Qué hace con ellos el resto del tiempo?

Como pastor principal de la Iglesia Gateway, tomo seriamente mi responsabilidad de acompañar a los hombres en la iglesia y equiparlos con la verdad, la fe y consejos prácticos para la vida diaria.

Los hombres de mi iglesia tienen que tomar lo que reciben y transmitirlo. La Biblia dice en 2 Timoteo 2:2:

Y lo que has oído de mí en la presencia de muchos testigos, eso encarga a hombres fieles que sean idóneos para enseñar también a otros.

Mi trabajo consiste en transmitirle lo que he recibido. Como hombre fiel, su trabajo consiste en enseñarle a su familia.

Un buen maestro no solamente usa palabras como su herramienta; él utiliza su vida. Para influenciar a su familia realmente, usted tiene que involucrarse en sus vidas. Dios le pedirá cuentas por lo que su esposa y sus hijos lleguen a ser. Así que cuando haya que tomar decisiones y resolver problemas, usted debe estar justo en medio de ellos. Estoy consciente de que su esposa es muy capaz de hacer cosas por sí misma, pero ella quiere ser guiada. Cuando usted le pregunta cómo estuvo su día, y ella estalla contándole historias de niños caprichosos, hombres groseros que hacen reparaciones y montañas de ropa para lavar, ella está pidiendo a gritos que usted se involucre. ¡Vaya a su rescate! Golpee a los niños, y llévela a cenar fuera. (Solo estoy bromeando acerca de golpear a los niños.)

Cuando Debbie y yo nos mudamos aquí para comenzar una iglesia, tuvimos que decidir qué hacer con la escuela de nuestros hijos. Nuestra hija todavía estaba en primaria, por lo que decidimos enseñarle en casa podríamos manejar las matemáticas de tercer grado. Nuestro hijo, James, por otro lado, estaba en décimo grado, y sabíamos que no podíamos manejar ese nivel. Así que decidimos investigar los colegios locales. Cuando llegó el momento de hacer la investigación, yo estaba demasiado ocupado; así que le pedí a Debbie que lo hiciera. A ella no le gustaba ir sola, pero yo insistí. Ella revisó varios colegios y eligió uno que requería el pago por adelantado. Así que gastamos cinco mil dólares.

James no había estado en el colegio ni un par de semanas antes de darnos cuenta de que habíamos cometido un gran error. El colegio era muy duro con siete materias difíciles que requerían un gran esfuerzo de su parte, tanto dentro como fuera del aula. Ahora bien, James es un amante de la naturaleza: cacería, pesca, deportes. Él es muy inteligente, pero no le va muy bien cuando está bajos presión. Él no estaba feliz y tampoco estaba prosperando en ese ambiente en lo absoluto. Así que lo sacamos y lo inscribimos en una escuela donde destacó. Sin embargo, los cinco mil dólares no se recuperaron tan fácilmente. No eran reembolsables. No es necesario que diga que yo estaba enojado. Sentía que Debbie había tomado una muy mala decisión que nos costó mucho dinero.

A la mañana siguiente, yo estaba orando. Mientras estaba hablando con Dios acerca de algo, no recuerdo qué, Él me interrumpió. En Su voz directa y conocida, dijo: "Tú perdiste cinco mil dólares". Rápidamente, discrepé y respondí: "No, Debbie perdió cinco mil dólares". Su respuesta fue como una punzada: "Oh, ¿es ella la cabeza de esta casa ahora? ¿Quién es la cabeza de esta casa?". Yo no tenía respuesta para Sus preguntas. Él continuó: "¡Nunca te ocupes tanto como para no revisar las escuelas para tus hijos! Yo sabía que esto iba a pasar". Eso puede sonar áspero, pero entendí el mensaje: Tengo que involucrarme en mi familia. Yo seré responsabilizado de cada decisión que les afecte.

¿Qué hay de usted? ¿Es el líder en su hogar? He conocido a muchos hombres que son fuertes y están comprometidos con el trabajo, pero dejan la familia a sus esposas. Ese es un grave error. Usted cosechará algunas consecuencias graves si elude la responsabilidad familiar. Usted debe de ser fuerte. Párese en la brecha por su familia: compartiendo sus vidas, luchando por su bienestar, guiándolos hacia la santidad. Un fuerte liderazgo hoy, acarrea abundantes bendiciones mañana.

Dejar un legado

Moisés vivió una vida excepcional; fue usado por Dios en formas que la mayoría de nosotros envidiaría. Hay una historia acerca de él en Éxodo que tiene mucho que decirnos a nosotros, los esposos y padres.

Después de la experiencia de la zarza ardiendo, Moisés se preparó para regresar a Egipto. Dios le había dicho exactamente a dónde ir, qué hacer, qué decir y qué milagros se realizarían para ver a los hijos de Israel libertados (Éxodo 4:19–23). Moisés estaba listo. Sin embargo, Éxodo 4:24, nos dice que cuando él y su familia estaban en camino a Egipto, Dios se enojó tanto con Moisés que quiso matarlo. ¿Qué sucedió entre los versículos 23 y 24?

Dios había instruido a Moisés regresar a Egipto para sacar a Su pueblo de la esclavitud y para recordarles cómo andar por los caminos del Señor. Esto significaba que tendrían que reinstituir el acto de la circuncisión. Moisés aceptó llevar el mensaje a la gente, pero no lo puso primero en práctica en su hogar. El versículo 25 dice que la esposa de Moisés, Séfora, tomó una piedra afilada, circuncidó a su hijo, echó el prepucio a los pies de Moisés y dijo: "¡Ciertamente eres un esposo de sangre para mí!" Séfora intervino para hacer lo que Dios le había dicho a Moisés que hiciera, y ella lo hizo con una actitud horrible.

Sin profundizar demasiado en el texto, me parece que Moisés había perdido el control de su familia. Quizás la primera vez que mencionó el plan para la circuncisión, a Séfora no le gustó la idea. En lugar de ser fuerte en el liderazgo, explicando la importancia de la obediencia en el acto de la circuncisión, Moisés cedió y eligió la desobediencia porque era el camino más fácil... al menos él creía que así era. Dios se opuso violentamente.

El versículo 26 nos dice que después de eso, Dios dejó de perseguir a Moisés, lo que suena como algo bueno porque Él no mató a Moisés. Sin embargo, creo que Dios se retiró de la escena porque Séfora intervino. Dios estaba tratando con Moisés cuando Séfora pensó que podría hacerlo mejor que él. Así que Dios la dejó hacer lo suyo. A propósito de cómo lidiar con el pecado en la vida de su cónyuge: Si usted interviene donde Dios está tratando de corregir y disciplinar, Él se lo permitirá, pero usted nunca tendrá éxito en corregir a su cónyuge. Solo Dios puede cambiar un corazón, así que no trate de hacer el trabajo de Él.

La parte más triste parte de esta historia viene después, en Éxodo 18; después de todas las plagas, la Pascua, la milagrosa liberación de la esclavitud y la partición del mar Rojo. Después de todos estos milagros, Jetro (el suegro de Moisés) vino a Moisés con Séfora y sus dos hijos. Esto significa que en algún lugar del camino, Moisés había enviado a su familia de regreso a Madián, a vivir con sus suegros. La disputa entre Moisés y Séfora se había vuelto tan intensa y molesta que Moisés había renunciado a guiarlos y los envió fuera.

Los dos hijos de Moisés se perdieron la parte más espectacular de su ministerio, los milagros abundantes y la presencia de Dios. Cuando los otros chicos en el campamento se sentaban alrededor del fuego y recordaban cuando Dios convirtió el mar en sangre y todo Egipto se plagó con ranas, los hijos de Moisés se quedaban callados. Sus padres estaban separados durante ese tiempo, y se lo perdieron. Su fe no fue puesta a prueba mientras el Ángel de la Muerte pasaba por su puerta en la noche de Pascua. Ellos no podían decir que habían caminado en el fondo seco del mar Rojo rodeado de muros de agua suspendidos por la propia mano de Dios.

Si alguna vez se ha preguntado por qué los hijos de Moisés no se unieron a la empresa familiar de guiar a Israel después de la muerte de su padre, es porque Moisés fue fuerte guiando a Israel, pero no lo fue en guiar a su familia. Cuando Moisés envió a los doce espías de revisar la Tierra Prometida, solo dos, Josué y Caleb, regresaron con reportes de la capacidad de Dios para vencer a los gigantes. Debieron ser cuatro. Los hijos de Moisés debieron haber estado allí, viviendo la fe que habían heredado de su padre. Debieron haber regresado listos para enfrentarse a los filisteos y los amonitas y los moabitas y a cualquiera que se interpusiera en su camino porque su padre les había mostrado el invencible poder de Dios. Quién sabe cuán diferente pudo haber sido la vida de sus hijos, si tan solo…

Usted tiene una opción. Puede elegir ser fuerte, fuerte en espíritu y en oración y liderazgo, embarcándose en maravillosos recorridos de fe. Su familia estará justo detrás de usted, aprendiendo y participando en la aventura. Ellos harán cosas aún mayores porque usted los inspiró. O, usted puede elegir ser pasivo en su caminar con Cristo y pasivo en guiar a su familia. Indudablemente, usted lidiará con el efecto negativo que eso tendrá en su carácter, pero tal vez no sea sino hasta la eternidad que usted verá de todo lo que ellos se perdieron a causa de su debilidad. De cualquier forma, su esposa e hijos probablemente llegarán a conocer a Dios de la manera en que usted les guíe a conocerlo. Liderazgo es influencia. ¿Qué marca quiere dejar?

Capítulo 4

USTED ES EL HOMBRE

Bill estaba emocionado por su nuevo trabajo como director de mercadeo para una importante empresa de arquitectura. Él había estado sin trabajo durante unos meses y estaba listo para recordarle al mundo de qué estaba hecho. Su supervisor, Jerry, lo recibió en la puerta en su primer día para darle la bienvenida y mostrarle toda la oficina.

Después de tomar el gran recorrido y conocer cerca de 50 personas cuyos nombres ya había olvidado, Bill se instaló en su escritorio mientras Jerry continuaba la orientación. "Bill", dijo Jerry, "estamos muy emocionados de que te hayas unido a nuestra organización. Por lo que sé de tu ética de trabajo y experiencia, encajas perfectamente. Todos contamos contigo para completar nuestro equipo y que seamos aún más exitosos de lo que ya somos".

"Estoy entusiasmado por estar aquí, Jerry. Te daré mi mejor esfuerzo, y juntos vamos a conquistar el mundo de la arquitectura".

"Bueno, estoy muy contento de oír eso. Escucha, mi oficina está al final del pasillo. No dudes en tocar a mi puerta si tienes alguna pregunta". Con ese último comentario, Jerry se levantó, salió de la oficina, cerrando la puerta detrás de él; Bill se quedó muy confundido.

"*Espera un minuto*", Bill pensó, "*¿es ese todo el entrenamiento que voy a tener? He sido contratado como director de mercadeo; y sé que esta es una firma de arquitectura, pero más allá de eso, no estoy seguro de qué esperan de mí*". Él miró alrededor de la oficina, escasamente decorada. En los cajones, solo había material de oficina y carpetas de archivos vacías. Sobre su escritorio, un teléfono y una computadora esperaban a ser utilizados. ¿Pero a quién debía de llamar? ¿En qué proyecto debía trabajar?

Después de pensar por unos minutos, Bill se dispuso a buscar a Jerry y aceptar su oferta de responder algunas preguntas. Llamó a la puerta con suavidad, Bill asomó la cabeza para encontrar a Jerry ya sumergido en trabajo. "Oh, Bill", Jerry levantó los ojos, "entra. ¿Qué puedo hacer por ti?".

"Bueno", Bill comenzó, "Necesito un poco de orientación. ¿Puedes decirme algunos detalles sobre lo que implica mi descripción de puesto?".

Jerry frunció el ceño y preguntó: "¿Qué quieres decir con 'detalles'? Tú eres el director de mercadeo de una de las empresas de arquitectura más importantes".

"Sí, lo sé," Bill sonrió. "Pero para que pueda sobresalir realmente, me gustaría saber un poco acerca de lo que la última persona en mi posición hizo y lo que la compañía espera ahora de su nuevo director de mercadeo".

Jerry se reclinó en su silla, sorprendido de que su nuevo empleado estrella hiciera tales preguntas. "Bill, si tú no sabes lo que se espera de ti aquí, yo no te lo voy a decir. Debiste haber pensado en eso antes de tomar este trabajo…".

¿Su matrimonio, a veces se siente así? Estoy seguro que ha escuchado el "si tú no sabes, yo no te voy a decir" ¡comentado previamente! ¿Siente como que se involucró con entusiasmo solo para descubrir que su esposa tiene algunas necesidades importantes y altas expectativas de usted, pero ella no le dice cuáles son? A las mujeres se les conoce por creer, equivocadamente, que los hombres son lectores de mentes y luego enojarse cuando ellos no pueden leer su mente. Al igual que Bill que no tiene ninguna posibilidad de prosperar en una posición donde las expectativas no están definidas, usted tampoco puede esperar ser un buen esposo cuando no sabe lo que su esposa necesita de usted.

Dios ha diseñado al hombre para ser capaz de satisfacer las necesidades de su esposa. Por supuesto, hay algunas necesidades que solo Dios puede satisfacer, y usted nunca debe tratar de satisfacerlas. Por ejemplo, su necesidad de un corazón redimido y santificado solo puede ser cumplida por Jesús y el Espíritu Santo. Usted no es su Salvador. Sin embargo, en Su diseño maestro del hombre y la mujer, Dios ha equipado a cada uno con habilidades y rasgos que pueden satisfacer muchas de las necesidades de su cónyuge. Sin embargo, si usted no sabe cuáles son esas necesidades, no podrá satisfacerlas muy bien.

Aunque no todas las mujeres son exactamente iguales, todas están hechas por el mismo Dios, Quien las hizo de la misma forma. Si usted piensa que puede cambiar a su esposa por un modelo más nuevo y librarse de los problemas que tiene en el matrimonio, piénselo nuevamente. ¡Ellas son todas iguales por dentro!

Las necesidades de las mujeres son principalmente emocionales. Son criaturas vulnerables que ansían intimidad. Los hombres no son principalmente emocionales. Nosotros somos físicos y nuestra idea de intimidad tiene más que ver con el contacto corporal que con los sentimientos. Para ser el esposo devoto que su esposa necesita, usted tiene que morir a la carne con la que cómodamente se ha complacido.

Hay peligro en las necesidades insatisfechas. Como hombre, si no es respetado en su hogar y si su esposa no está satisfaciendo sus necesidades sexuales, la mujer que se sienta en el escritorio de al lado, que piensa lo mejor de usted y que parece muy dispuesta a irse a la cama se convierte en una tentación engañosa. Las mujeres tienen aventuras también, y por razones similares. Una esposa infiel busca un hombre que satisfaga las necesidades que su esposo no satisface en casa.

Dios me dijo una vez que Él quería ayudarme a enumerar mis prioridades. Me pareció una buena idea, así que saqué una hoja de papel, lo enumeré del uno al tres y escribí "Dios" en el número uno. Inmediatamente escuché al Padre decir: "Yo no dije que escribieras eso".

"Sí, Dios, sé que no dijiste que escribiera eso, pero sé que esa es la respuesta correcta. Es decir, en caso de que lo hayas olvidado, yo he estudiado esto e incluso predicado sobre ello. En la lista de prioridades de todos debe leerse: Dios, familia, trabajo".

De nuevo, Él dijo: "Yo no te dije que escribieras eso".

"Bien", dije mientras arrugaba el papel y lo tiraba a la basura. Tomé otra hoja y me senté a esperar a Dios. Él me habló con claridad y dijo: "Escribe el número uno". Y yo escribí el número uno. "Ahora", Él dijo, "escribe Debbie".

Estaba tan confundido. "Pero Dios, se supone que Tú debes estar primero en mi vida. Te amo y quiero servirte".

Su respuesta me sorprendió: "Si me amas y quieres servirme, obedéceme. Haz a Debbie lo primero en tu vida. Si ella es lo primero, entonces Yo sé que seré lo primero".

Su esposa debe ser la principal prioridad en su vida. Usted necesita un descenso, y ella necesita un ascenso. Si usted hace ese único cambio, verá marcadas mejorías en su matrimonio. Cuando ella sabe que es lo primero en su vida, su principal necesidad es satisfecha: su necesidad de seguridad. Por encima de todo, las mujeres ansían seguridad, y usted ha sido equipado para hacerla sentir a salvo. Usted es el hombre que Dios ha elegido para satisfacer esta necesidad en su vida.

Sea el hombre para toda la vida

Cuando una mujer siente que usted no está totalmente comprometido con ella, ella se siente extremadamente insegura. Es muy inquietante para ella pensar que su esposo podría empacar cualquier día y dejarla. Recuerde, las mujeres son seres emocionales, por lo que sus acciones y palabras son siempre traducidas por su corazón. Un futuro seguro con su esposo comunica amor, aceptación y pertenencia.

Si su esposa cuestiona su lealtad hacia ella, es posible que le haya dado una buena razón para dudar de usted. Su interpretación de sus intenciones pudo haber venido de alguna de esas amenazas verbales que pudo haberle dicho: "¡Uno de estos días voy a salir por esa puerta y nunca regresaré!". Lo haya dicho en serio o no, su temor e inseguridad nacerán a causa de sus palabras.

Sin embargo, otras veces podría ser menos claro para usted de dónde obtiene ella el temor al abandono. Una posibilidad podría ser por otros hombres en su vida: su padre, relaciones pasadas o incluso amigos cercanos. ¿Ha sido abandonada antes? Si es así, probablemente fue muy traumático para ella. Para protegerse a sí misma de volver a sentir tanto dolor, ella se casó esperando que usted la deje. Y debido a que usted no se dio cuenta de que ella se sentía insegura sobre su futuro juntos, usted nunca ha hecho nada para estabilizar sus preocupaciones.

Su esposa necesita saber que usted está comprometido a nutrirla y amarla hasta su plena madurez. Jesús está comprometido con nosotros, Su novia, de esta forma. Él trabaja diario, nutriendo y amando nuestros corazones. La nutrición trae la plena madurez. El amor protege aquello que está madurando. Como creyentes, sabemos que nunca seremos completamente maduros hasta que veamos a Jesús cara a cara. Por lo tanto, ese es el periodo al que está comprometido en el matrimonio. Diariamente, hasta que la muerte los separe, debe nutrir y amar a su esposa.

Dios también está comprometido con su esposa y, en realidad, Él es quien la hace más como Cristo. Lo que Él planta en ella, usted debe cultivarlo. Dios va a trabajar en ella con o sin la cooperación suya, pero usted paraliza su proceso de crecimiento cuando no está de acuerdo con Él. Si Dios quiere enseñarle a confiar más en Él, pero usted es totalmente desconfiable, ella batallará con creer que realmente debería confiar en Dios. Sin embargo, cuando usted le da a ella una sensación de seguridad, confiar en Dios es más factible porque usted le ha mostrado que la fe no defrauda.

Jesús nos prometió que Él nunca nos dejaría ni nos abandonaría (Hebreos 13:5). Eso inunda mi corazón con paz y confianza. Su amor por su esposa debe estar de acuerdo con el amor de Jesús por usted. Ella necesita la misma confianza de usted que la que usted tiene de Jesús.

Usted es el hombre que Dios le ha dado a ella para toda la vida para satisfacer su mayor necesidad de seguridad. Sea ese hombre... de por vida. Verbalmente, ratifique su compromiso hacia ella y luego, acompañe sus palabras con acciones que validen la confianza de ella en usted. Esa seguridad llenará a su esposa con paz y esperanza del futuro.

Sea el hombre que provee

Un hombre, un hombre fuerte, asume la responsabilidad. Cuando mi hijo, Josh, fue a la universidad, él asumió la responsabilidad de sí mismo. A pesar de que yo todavía le estaba ayudando económicamente, administró bien su tiempo y dinero; pagó sus cuentas y tuvo buenas calificaciones. Cuando se graduó, él consiguió un trabajo y comenzó a sostenerse por sí mismo. No mucho tiempo después, se casó y comenzó a cuidar de su esposa. Josh eligió ser un hombre cuando asumió la responsabilidad. Hasta que él estuvo por su cuenta, asumiendo la responsabilidad de su propia vida, dejó de ser un niño. La edad, tamaño, estado civil, paternidad, riqueza... no hacen hombre a un niño. Asumir responsabilidad es lo que hace de él un hombre.

Las mujeres necesitan seguridad. Dios hizo al HOMBRE para satisfacer esa necesidad en su vida; un muchacho no puede hacer el trabajo de un hombre. Un muchacho inmaduro e irresponsable, sin importar su edad, jamás podrá satisfacer la necesidad de seguridad en la vida de una mujer, porque él no quiere dar un paso adelante y asumir la responsabilidad. Debido a que creo en los roles tradicionales para hombres y mujeres, quiero desafiarlo a usted a tomar la iniciativa en proveer para su familia. Eso no significa que su esposa no pueda trabajar, pero sí significa que el salario de ella no debe ser en el que la familia confíe para comprar los comestibles, hacer el pago del automóvil y pagar la factura de la electricidad.

No solamente debe ganar el dinero para proveer para su familia, también debe administrarlo responsablemente. Cuando las facturas lleguen, páguelas a tiempo. Una fecha de vencimiento del día 15, no significa enviarlo por correo el día 15. Establezca un presupuesto y vívalo, y haga que su familia también lo viva. Explíqueles que el presupuesto dicta cómo viven hoy y hace posible el futuro. Reserve dinero para que pueda manejar las emergencias cuando se presenten. Proverbios dice que las personas tontas viven con todo su ingreso, pero el hombre sabio ahorra. (Proverbios 6:6–11).

Al tomar el rol de proveedor de su hogar, usted exige respeto. Sus hijos lo reconocerán como el líder y por lo tanto lo honrarán como líder. Si usted siempre los envía con su madre cuando piden dinero, se roba a sí mismo de la autoridad que necesita para guiar el hogar. Usted les ha dado la imagen de que su madre es la cabeza del hogar. Un día, usted, muy bien, podría escuchar a su hijo en el patio frontal diciéndole a sus amigos: "Cuando sea grande, quiero ser un hombre de verdad, como mamá".

Su esposa no debe ser la líder de su hogar; usted debe serlo. Este era el plan de Dios desde el principio. El pecado hizo eso difícil porque ahora preferimos ceder a nuestra carne y ser irresponsables. Si usted continúa cediendo a ese espíritu, su esposa se hundirá más y más en la ansiedad, y su matrimonio caerá más y más lejos de las alturas del potencial que Dios había planeado que alcanzara.

El octavo versículo de 1 Timoteo 5 dice:

> *Pero si alguno no provee para los suyos,*
> *y especialmente para los de su casa,*
> *ha negado la fe y es peor que un incrédulo.*

¡Ay! Esas son palabras fuertes. Porque la intención de Dios es que el hombre satisfaga las necesidades de Su familia, Él se toma muy en serio cuando un hombre dice amarlo y no lo hace.

La mujer fue la corona de la creación de Dios. Él la hizo hermosa y frágil. Ella refleja Su lado emocional, y en Su plan perfecto Él decretó seguridad para ella a través de nosotros. Cuando usted provee para ella, usted no solo está asegurando un techo sobre su cabeza y comida en su estómago, usted le está comunicando a ella que es valiosa para usted. Cuando ella sabe que usted es capaz de cavar zanjas por ella con el fin de proveer, ella sabe que usted ha muerto a sí mismo y está poniéndola a ella primero. La estabilidad emocional de su esposa está directamente relacionada a la confianza que ella tenga en usted. El hecho de que usted provea, la convierte a ella en una roca emocional, inquebrantable y satisfecha.

Un siervo desinteresado y que se sacrifica hace que una mujer se sienta segura. Un egoísta, holgazán, perezoso hace sentir insegura a una mujer. Usted representa a Dios ante su esposa. ¿Qué está aprendiendo ella de su representación?

Sea el hombre ante el peligro

Enseñé a Debbie cómo disparar un arma. ¡Ella es muy buena disparando también! Una vez ella supo cómo manejar el arma, le enseñé qué hacer si un hombre irrumpe en nuestro hogar: ¡Boom! ¡Boom! "¿Qué quieres?". Dispara primero, pregunta después. Cualquier persona irrumpiendo en nuestro hogar con la intención de dañar a esta familia no tiene nada que estar haciendo aquí.

Debbie necesita estar segura, emocionalmente, económicamente y físicamente también. No solo tiene que saber que ella está a salvo, también necesita saber que sus hijos están a salvo. Mi familia sabe cerrar con llave las puertas de la casa incluso si están en casa. Mi esposa e hija saben que no deben estar solas en las partes peligrosas de la ciudad. Mis hijos saben cómo pelear para protegerse a sí mismos. Mi hija sabe que no debe ponerse en una situación peligrosa con un muchacho, no importa lo lindo que sea.

¿Cómo llegó mi familia a ser tan sensata y precavida? Yo les enseñé. Como su líder, los he instruido sobre la importancia de estar atentos y ser precavidos. Cuando estoy con ellos, me aseguro de que están a salvo; cuando no estoy con ellos, sé que están armados con sensatez y sentido común.

Mi vida era bastante peligrosa antes de que conociera a Jesús. Lancé mi parte de puñetazos…también recibí mi parte de puñetazos. Recuerdo una vez cuando me estaban dando una paliza muy grave. Eran cinco contra dos, ¡y esos eran los dos tipos más rudos que haya conocido! Bien, cuando mis hijos fueron lo suficientemente grandes, no solo les enseñé cómo pelear, sino también cuándo pelear. Hacerles la guerra a sus compañeros no les daría respeto, pero defenderse a sí mismos sí lo haría. Y más que eso, proteger del peligro a la mujer de su vida, los haría héroes.

Hasta mi último aliento, voy a proteger a mi familia. Pero mantener a mi familia fuera del hospital no es la única forma de protegerlos. Las armas de Satanás pueden hacerles un daño mucho peor que un hueso roto. Es vital que haga a mi familia consciente de los peligros que acechan, tentándolos a alejarse de Dios. Cuando establecí límites sobre qué tipo de música podrían escuchar mis hijos, expliqué por qué. Miramos juntos en la Biblia donde habla acerca de la importancia de llenar su mente con pensamientos virtuosos y loables (Filipenses 4:8). Cuando me negué a dejar que mi hija tuviera una cita a los 13 años, leí con ella el versículo que exhorta: "No levantéis ni despertéis el amor/Hasta que quiera" (Cantares 2:7). Al hacer de la Biblia la norma para la toma de decisiones en nuestro hogar, equipé a mis hijos con la sabiduría que los protegerá de por vida.

Mi esposa sabe que ella está a salvo, y ella sabe que sus hijos están a salvo porque tiene un esposo que está comprometido con su seguridad. Por encima de todo, confiamos en Dios para velar por nuestra familia. Puede parecer ilógico decir que confiamos en Dios cuando vivimos tan cautelosamente, pero no lo es. Confío en Dios para que me provea, pero sigo trabajando. De la misma forma, confío en Dios para protegerme; pero sigo cerrando mis puertas. La provisión y seguridad de Dios habitualmente vienen a través de mi trabajo y porque cierro mi puerta con llave. Me asocio con Dios para proteger a mi familia, enseñándoles prácticas de seguridad e insistiendo en que las utilicen.

Usted es el hombre

Últimamente se ha hablado mucho en la Iglesia sobre el "espíritu de Jezabel". Si bien esta es una amenaza válida para el cuerpo de Cristo, hay otro espíritu presente que está permitiendo al espíritu de Jezabel: el espíritu de Acab. Acab era el rey de Israel que conquistó más tierras que ningún otro excepto Salomón. Este poderoso conquistador gobernó su reino; pero cuando llegaba a casa, le rendía cuentas a Jezabel. Jezabel gobernó el castillo. Podemos ver el alcance de su poder y control en 1 Reyes 21.

Acab regresó a Samaria después de grandes conquistas y decidió que quería la viña adyacente al palacio. Se acercó al propietario, Nabot, y le prometió un trato justo por la viña. Nabot rechazó la oferta del rey. Esto molestó mucho a Acab, y regresó a su casa; frustrado, se metió en la cama. Cuando Jezabel lo encontró y se enteró de su dolor, ella lo consoló con cumplidos…y después tomó el control. Jezabel organizó un banquete para Nabot, llena de testigos falsos instruidos para acusar a Nabot de blasfemia. Cuando las mentiras se difundieron, Nabot fue sacado de la ciudad y apedreado. Acab consiguió su viña. Jezabel se posicionó como reina gobernante sobre su esposo.

Hay un espíritu de Acab en las familias permitiendo a las mujeres subir y reemplazar a sus esposos como cabeza del hogar. Estas mujeres sufren de una necesidad insatisfecha de seguridad. Ellas no salen y tienen amoríos; ellas simplemente usurpan el poder y lo ejercen para construir una falsa sensación de seguridad, porque piensan que es mejor eso, que no tener seguridad. Ellas tienen Acabs que gobiernan el mundo de los negocios, pero evitan la vida del hogar. Ellas creen que tienen que tomar el control o de lo contrario su familia se desmoronará. Las mujeres toman la maternidad en serio, y cuando no hay un esposo dispuesto a dar un paso adelante y asumir la responsabilidad, ellas harán lo que sea necesario para cuidar a los niños. Su ascenso a ser la cabeza de familia la devastará a ella y a sus hijos. Ella no está destinada a desempeñar esa parte; ella no está equipada. Usted es el único en sus vidas que puede asegurarlos. Usted es el hombre.

Dios lo creó a usted para ser un líder. No se deje intimidar por ese rol; aproveche la oportunidad de cumplir con su propósito en la vida para ser un esposo y padre fuerte. Acab llevó dos vidas: un estilo de vida de conquistador en el mundo profesional y un estilo de vida de derrota en el hogar. Su esposa tuvo éxito robando su gloria y legado. No es por casualidad que su nombre siga siendo famoso hoy en día, mientras la mayoría de las personas preguntan: "¿Acab? Nunca había escuchado de él".

Después de leer este capítulo, ¿reconoce que puede haber un espíritu de inseguridad atacando a su esposa? ¿Ve algunas formas prácticas en que usted pueda asumir la responsabilidad para que su mayor necesidad pueda ser satisfecha? Se sorprenderá de lo rápido que su compromiso con el bienestar emocional, económico y físico de ella cambiará su perspectiva hacia la vida y hacia usted.

No conduzca a su esposa a la ansiedad y el pánico a causa de la inseguridad. Y tampoco le permita que se convierta en una Jezabel. Sea el hombre fuerte que ella necesita todos los días, para toda la vida.

Capítulo 5

SUMERGIRSE EN LO PROFUNDO

Una y otra vez, en este libro, he reiterado que los hombres y las mujeres son diferentes. Desde el principio, Debbie y yo hemos tratado de convencerles de que la diversidad entre los géneros es algo bueno para el matrimonio. Sin embargo, a veces puede parecer una cosa mala. Como cuando usted está tratando de ver el partido y ella está tratando de contarle todos los detalles sobre lo que Susie le dijo a Maggie, en la iglesia, esa mañana. O como cuando Phil y Linda los invitan a su casa el viernes por la noche para comer fondue y jugar Sopa de Letras y ella dice ¡sí! O como cuando usted está jugando luchitas con los niños en el suelo y ella se molesta que usted los puso "muy estimulados justo antes de dormir". En esos momentos, usted probable no aprecie el contraste en su esposa.

¿Por qué las mujeres no pueden ser más como los hombres? Bueno, creo que ni siquiera queremos responder a eso. Los hombres están de acuerdo en que las mujeres son magníficas criaturas…aun cuando su comportamiento sea molesto algunas veces. Ellas son hermosas y suaves y cálidas. Nos encanta estar con ellas, es decir, cuando no están siendo demasiado raras.

En Génesis 2, cuando Dios acababa de hacer a Eva, ¿qué cree que estaba pasando por la mente de Adán? Él había estado en un sueño profundo, suficientemente profundo como para no sentir cómo Dios cortó y sacó una costilla de su costado y lo cosió nuevamente. Cuando él despertó, bostezó, se estiró, se rascó y luego se dio la vuelta, encontrándose cara a cara con la visión más gloriosa que jamás haya visto. Ahí estaba ella, desnuda y sin vergüenza, la gracia femenina en todo su esplendor. ¿Recuerda cómo se sintió en su noche de bodas?...magnifique eso como por un millón, y tal vez usted pueda imaginar el deleite de Adán.

Antes de que el pecado entrara a su relación, Adán y Eva eran capaces de celebrar su singularidad mutuamente sin sentirse irritados o enojados. Él amaba su don para decorar, y ella amaba su buen humor. Él apreciaba su capacidad para llegar a su corazón, y ella atesoraba las ocasiones en que él la abrazaba mientras contemplaban las estrellas juntos. Sin embargo, después del incidente del fruto y la serpiente, ninguno de los dos volvió más a relacionarse perfectamente. Las instigaciones de ella se convirtieron en agobio, y el silencio de él se volvió doloroso.

Cuando Eva fue dada a Adán por Dios, Él quería que los dos se convirtieran en uno, no solo en una sola carne, sino en un espíritu. Ellos fueron creados para la intimidad. Dios sabía que Adán había estado solo, y Él creó a Eva con un anhelo de compañía también. Si ellos no se unían para satisfacer las necesidades uno del otro, ambos serán miserables.

Para la mayoría de los hombres, "intimidad" es una palabra aterradora. Pinta imágenes que hacen llorar y poesía cursi. Tenemos miedo de que si entramos a esta cosa llamada intimidad, vamos a empezar a ver telenovelas y a sollozar durante los comerciales. Un hombre hecho y derecho no rompe en llanto por un cachorrito envuelto en un moño. Simplemente, no puede ser.

Bien, de hombre de hombre, ¡sea valiente! La intimidad no debilita o abarata su masculinidad. Solo fortalece su matrimonio. El plan de Dios, desde el principio, fue que usted se convirtiera en un solo espíritu con su esposa, y eso implica profundizar con ella a nivel del corazón. Ella quiere conocer su "yo" que yace bajo su duro exterior: sus pasiones, sus sueños, sus decepciones y sus temores. No se preocupe. Ella no le amará menos si se entera que alguna vez fue despedido por incompetencia o que usted tiene miedo de parecer un pelele delante de sus amigos. Las mujeres son así de extrañas. Entre más saben de usted, bueno o malo, más atraídas se sienten. Creo que eso sucede porque ella tiene una necesidad de intimidad que es satisfecha cuando usted le revela su corazón, y por lo tanto, se siente más cerca de usted porque usted satisfizo esa necesidad. Su esposa quiere conocerlo y quiere que usted la conozca. Si bien es posible que usted nunca pueda comprenderla completamente, puede conocerla íntimamente.

Ella quiere su afecto

A los hombres no nos sorprende que nuestra segunda mayor necesidad sea el sexo. Se nos recuerda a diario, cada hora, de nuestra necesidad de sexo. Su esposa tal vez no lo comprenda, pero no se preocupe porque Debbie va a explicarle a ella más adelante en el libro.

Creo que Dios nos dio un hambre por el sexo para que nos mantuviéramos comprometidos con nuestras esposas. Imagine si los hombres no tuvieran deseo sexual. Ellos irían a cazar juntos, se reunirían alrededor de la fogata, en la noche, royendo su última caza, todos rascándose la cabeza pensando, "Hmmm, siento que hay un lugar en el que se suponía que estuviera esta noche". Mientras tanto, la madre estaría sentada en casa, golpeteando con su pie, enojada y respirando con fuerza: "Ese zopenco. Nos olvidó otra vez. Supongo que voy a tener que salir al lugar de cacería ¡y arrastrarlo de vuelta!". Eso suena gracioso porque nunca sucedería. No importa qué tan varonil fue nuestro día, cazando o conquistando, somos atraídos hacia nuestras esposas porque hay una necesidad intensa que solo ella puede satisfacer. ¡Gracias a Dios por el deseo sexual!

Las mujeres no necesitan el sexo como nosotros, pero sí necesitan afecto. Usted podría estar pensando: "¿Cuál es la diferencia? Sexo, afecto, son lo mismo, ¿correcto?". Incorrecto. Una vez escuché acerca de una encuesta que pedía a las mujeres clasificar sus necesidades. El sexo ni siquiera estuvo entre las diez primeras. ¡Incluso fue colocado en una posición inferior que jardinería! Al parecer, la albahaca fresca es más importante para una mujer que el sexo. Sin embargo, ella ansía afecto.

Entonces, si el sexo no es afecto, entonces ¿¡qué es afecto!? Permítame darle algunos ejemplos: Tomarla de la mano, acariciarla, poner su brazo alrededor de su cintura, abrazarla. Su esposa sabe que cuando usted estira la mano para tocarla, quiere tener sexo con ella. Ella no es tonta. De hecho, con los años, probablemente ella ha desarrollado un radar que se enciende cuando usted entra en la habitación: "¡Alerta de pervertido! ¡Alerta de pervertido!". Ella se ha vuelto fría hacia su necesidad de sexo porque usted ha ignorado su necesidad de afecto. ¿Cómo cree que su esposa respondería si se sentara junto a ella en el sofá, pusiera sus brazos alrededor de ella, la jalara hacia usted y se acurrucara con ella durante una hora...y luego no tuviera sexo con ella? Ella estaría estupefacta, pero también estaría satisfecha.

Hombres, quiero decirles que cuando hacen el esfuerzo para satisfacer su necesidad de afecto, ella estará más dispuesta a satisfacer su necesidad de sexo. La mayoría de las veces pensamos: "Voy a encender la llama esta noche. Ella no será capaz de resistirse. Desabrocharé mi camisa, me pondré una cadena de oro, me pondré un poco de loción, ¡y ella estará sobre mí como mostaza en un hot dog!". Bueno, si hasta ahora aún no lo ha notado, no importa que tan encantador sea su pavoneo, ella no está muy impresionada. No me malinterprete, estoy seguro que usted es magnífico, pelo en pecho y todo, pero no es irresistible. ¿Sabe lo que es irresistible para una mujer? Afecto. Estar cariñosamente en el sofá sin arrastrarla a la recámara es una de las cosas que más la enciende.

Otra ventaja de volverse más afectuoso podría ser que descubra que a usted le gusta el contacto no sexual. No luche contra ello. A mí me encanta que mi esposa me abrace. Ahora bien, no me gusta que me abrace mi amigo Brady, pero me encanta cuando Debbie me abraza. Nunca he necesitado un abrazo de mis compañeros de golf, pero tener un abrazo de Debbie me emociona. Todavía me encanta el sexo; soy hombre. Pero el toque de mi esposa ha abierto todo un nuevo mundo que genera energía y vitalidad en nuestro tiempo a solas.

También he descubierto que el romance va de la mano con el afecto. Cuando soy cariñoso con mi esposa, le comunico que su compañía me encanta más que su cuerpo. Cuando enciendo el romance, le comunico que ansío su compañía más que su cuerpo.

¿Alguna vez se ha quejado su esposa de que usted no es romántico? Tal vez usted piensa que no es lo suficientemente creativo para ser romántico. El truco del romance no son las grandes ideas, gustos caros o un don para escribir baladas. El truco del romance es planificar. Pregúntele a su esposa el martes si puede salir con usted el viernes. Cuando llegue el viernes, tenga planeada la velada. Envíele flores o una tarjeta un día en que usted no esté en problemas con ella. Deje una nota en el cajón para que ella la encuentre cuando esté cocinando. Sorprenderla románticamente le comunica que ella está en su mente, incluso cuando no están juntos.

Sin embargo, esté consciente de que usted no puede ser muy romántico si no es un buen administrador de sus finanzas. Cargar un ramo de flores de $40 dólares a la tarjeta de crédito que casi llega al límite, no comunica romance. En vez de eso, el gesto desmorona su capacidad para confiar en que usted proveerá para ella. Recuerde, la seguridad es su necesidad número uno. Si su presupuesto es ajustado, recoja un ramo de flores silvestres en su camino a casa en lugar de cargarlas a la tarjeta. Ella se sentirá igual de conmovida, y usted no pondrá en peligro su confianza en su capacidad para cuidar de ella.

Hay un importante obstáculo para el afecto, el romance y la intimidad que no puede ser ignorado o evitado, y ese es la inmoralidad. Usted nunca será atraído por su esposa y ella nunca se sentirá atraída por usted si usted es esclavo de la pornografía. Las mujeres que usted desea y con las que fantasea son una medida mental irreal y poco saludable que usted utiliza para medir a su esposa constantemente.

Piense en el tiempo y la energía mental que se desperdicia con la adicción a la pornografía. Incluso si la adicción consume toda su atención, estas películas y revistas trabajarán en contra de una esposa y no a su favor. Considere esto: si su esposa fuera la única mujer sobre la tierra, usted probablemente mataría para tener sexo con ella. Es verdad, ¿no es así? Entonces ¿por qué ella no lo satisface ahora? Deje de compararla con otras mujeres, y ella satisfará todas las necesidades sexuales que usted tenga.

Una vez, un amigo mío nos recomendó una película a Debbie y a mí. Él nos dijo que estaba muy buena, pero que tenía una escena de sexo en ella. Debbie y yo nos vemos afectados de forma diferente por las películas. Yo podría ver la cabeza de alguien explotando en cámara lenta y no me molestaría, pero Debbie tendría pesadillas durante una semana. Debbie puede ver una escena de amor y piensa en mí. Yo, por otro lado, estaría atrapado y tentado por la lujuria al ver la misma escena. A causa de nuestras debilidades, nos hemos fijado límites sobre lo que vamos a ver. Yo no le pido ver violencia, y ella no me pide ver sensualidad. Respetando las convicciones uno del otro, promovemos la santidad en nuestro matrimonio y nos empujamos mutuamente hacia la santidad.

Cuando nuestro amigo nos preguntó si queríamos ver la película con la escena de sexo, le dije que no. Más tarde, Debbie me preguntó si había alguna parte de mí que deseara poder ver esa escena. "Absolutamente no", le dije. "Fue muy difícil librarse de esa esclavitud la primera vez. No quiero ser un esclavo nuevamente". Es un infierno estar con la mujer más hermosa y pensar en alguien más. Hermanos, hagan lo que sea necesario para librarse de la impureza que acosa su mente. Los placeres vacíos de la pornografía no son nada comparados al esplendor que le espera en los brazos de su esposa. ¿Sueña usted con una vida sexual más satisfactoria? Muera a sus deseos para satisfacer los de ella. Le prometo, que cuando lo haga, ella será recíproca y lo sorprenderá. Ella lo querrá y vendrá tras usted y, además, no necesitará esa cadena de oro.

Conectando los cables

Los hombres son emocionalmente desconectados. Nosotros somos como esos juguetes para sus hijos que vienen con cientos de piezas que hay que unir en la víspera de Navidad. El enfoque del hombre al corazón es ignorar las instrucciones ¡y nunca utilizar todas las partes! Y al igual que con los juguetes, terminamos siendo imperfectos, pero funcionales. Por otro lado, las mujeres vienen emocionalmente ensambladas por completo. Ellas están totalmente conectadas con sus sentimientos y usualmente también con los de los demás.

¿Por qué es esto importante para usted? Porque la comunicación es otra de las grandes necesidades de la mujer. Al conversar con usted, ellas no quieren solo los titulares; ellas quieren todos los detalles del juego, momento a momento, y las entrevistas después del juego también. Para ustedes recién casados, pueden estar recién descubriendo esto sobre su esposa. Lo más probable es que ella no está satisfecha con: "Mi día estuvo bien". No, ella quiere saber: "¿Qué hizo? ¿Por qué lo hizo? ¿Qué llevaba puesto cuando lo hizo?". Honestamente, ella probablemente no estará satisfecha hasta que usted le explique: "A las 6:32 a. m. abrí mis ojos. Tuve un poco de dolor de cabeza que supongo está vinculado a algunas situaciones de estrés en el trabajo. Pienso que me siento estresado porque..." Así es, ella quiere saberlo todo. Ahora bien, ella no está siendo entrometida; ella está buscándolo para que usted satisfaga su necesidad. Ella no puede estar satisfecha con una conexión intelectual con usted; ella quiere una conexión de corazón a corazón.

El problema es que los hombres no saben cómo conectarse de corazón a corazón. Ni siquiera sabemos que tal conexión así es posible. Es por eso que Dios nos da esposas. Si se lo permite, ella conectará esos cables que fueron omitidos cuando usted fue ensamblado. Tal vez no se haya dado cuenta, pero tiene todas las piezas necesarias para comunicarse emocionalmente con su esposa. Sencillamente, no sabe cómo funcionan.

Cuando su esposa comience a hacer preguntas sobre su pasado, ella irá más allá de: quién, qué, cuándo y dónde. Estas preguntas generalmente las podemos manejar. Se vuelve confuso cuando ella pasa a: cómo y por qué. Por ejemplo, la primera vez que le dice que su padre lo abandonó a los seis años, su primera pregunta podría ser: "Oh, y ¿cómo te sentías por eso?". Usted, por supuesto, verá su boca moviéndose e incluso escuchará sonidos emitidos de sus labios, pero no tendrá ni idea de lo que está preguntando. Los sentimientos no vienen de forma natural a los hombres, por consiguiente, hablar con su esposa el lenguaje emocional será como hablar un idioma extranjero.

Por desconocido que sea para usted, su esposa aún necesita que se conecte con ella, y usted está comprometido a satisfacer sus necesidades. Así que deje que ella le ayude. Piense en ella como su intérprete y profesora de idiomas. La próxima vez que ella pregunte sobre sentimientos, vaya con ella. Ella levantará uno de sus cables y dirá: "¿Ves esto? Esto es cuando tu padre te dejó".

"Sí", dirá usted, "lo veo".

Levantando otro cable, ella preguntará: "Ahora, ¿ves esto? Esto es cómo eso te hizo sentir".

"¡Ah!, ¿qué es eso? Nunca había visto eso antes".

"Y cuando tú los juntas", mientras ella cruza los cables con corriente... bzzzzz.

"¡Ay! Eso duele", usted llora.

"Exactamente. Eso es lo que se siente cuando tu padre te abandonó". Mire, los sentimientos están ahí, simplemente, usted no sabe cómo conectarse con ellos.

Siempre habrá ocasiones en que sus diferencias dificultarán la interacción. Si usted pregunta cuándo estará lista la cena y ella dice, "Solo tengo que hornear los panecillos", no se sienta frustrado. Aunque su respuesta no haya respondido realmente su pregunta, no tire la toalla. Con calma, pregunte cuánto tiempo toma cocinar los panecillos y, entonces, sabrá para la próxima vez. Más importante aún, deje atrás esas pequeñas diferencias y vaya a cosas más importantes. Cuando la cena esté servida, pregúntele cosas que hagan que ella abra su corazón; luego, responda las preguntas que ella le haga a usted con el detalle que ella desea. He adquirido el hábito de resumir mis conversaciones del día con las demás personas, para poder comunicarme mejor con mi esposa al final del día. Como sé que ella querrá detalles, mentalmente los junto y se los guardo. Esto puede sonar como una molestia, pero ella lo vale para mí.

¿Por qué?, pregunta usted, ¿me gustaría aprender cómo sentir o comunicarme si he conseguido arreglármelas durante tantos años sin hacerlo? Bueno, recuerde que las mujeres reflejan el lado emocional de Dios. Él es emocional como los son las mujeres, excepto que sin pecado. Usted no lo conocerá realmente hasta que pueda comunicarse con Él en el idioma de Su corazón, los sentimientos. Cuando me convertí en un mejor comunicador con Debbie, mi vida de oración se intensificó. Cuando me sumergí en la profundidad de sus sentimientos, también aprendí a cómo bucear profundamente en el corazón apasionado de Dios. Él se volvió más real para mí porque finalmente pude hablar el idioma de Su corazón.

Profundice en el corazón de su esposa. También permítale explorar la profundidad del suyo. Usted puede conectarse con ella de verdad. Llegará un momento en que reciba un llamado para escucharla compartir su corazón. Cuando su necesidad de comunicación esté satisfecha, verá hacia atrás y se dará cuenta que la intimidad es la gravedad que acerca sus corazones, uniendo sus espíritus y haciéndolos uno.

Siempre hay esperanza

Hombres, cuando me casé, no tenía idea de nada. Pensé que la vida matrimonial sería mi antigua vida de ocio, sin preocupaciones con las ventajas adicionales de un ama de casa, comida casera y sexo habitual. Había días en los que difícilmente veía a mi esposa porque me ocupaba trabajando o jugando o ambos. Recuerdo haber volteado la mirada con exasperación porque mi preciosa esposa parecía tan ansiosa y nerviosa por todo. Incluso cuando trató de encontrar un área en común y entrar en mi mundo de los deportes, yo menospreciaba su capacidad atlética porque, a mis ojos, ella no era muy buena porque era una chica. Honestamente, en la secundaria, ¡Debbie era una mejor atleta que yo! Sin embargo, en aquel inicio, mi orgullo no me dejó reconocerlo. Ella jugaba golf conmigo, pescaba conmigo y, una vez, hasta trató de bucear. Yo simplemente no podía ver la bendición que era para mí. Como he dicho, no tenía ni idea.

Debbie, por el contrario, era una santa. Soportó mis travesuras sin quejarse ni agobiarme. En lugar de tratar de cambiarme, ella fue con Dios. Hasta el día de hoy, hay una habitación en nuestra casa que le sirve como refugio; ¡Yo ni siquiera sé dónde está! Pero cuando me porto mal, ella va ahí y habla con Dios acerca de mí. Soy el esposo que soy hoy día porque Debbie ha orado por mí fervorosa y fielmente. Dios ama a mi esposa incluso más que yo, y cuando ella va ante Él llevando mi voluntad egoísta, Él siempre interviene para enderezarme.

Tal vez esté leyendo este libro como respuesta a las oraciones de su fiel esposa. Quizás usted sea el intercesor en su matrimonio, clamando a Dios en busca de ayuda y sanidad. Independientemente circunstancia, ¡el matrimonio de bendición está a su alcance! Vio de dónde vine... ¡nada es imposible con Dios!

Servimos a un Dios misericordioso que nos perdona por nuestros caminos estúpidos y va más allá del perdón para cambiarnos de adentro hacia afuera. Su plan es que usted se convierta en Jesús. Jesús era el mejor hombre; fuerte, pero tierno; audaz, pero compasivo. Nada de lo que Él se propuso lograr falló. Él amaba apasionada e incondicionalmente, se entregó a Sí mismo sacrificialmente y confió en el Padre plenamente. Él vivió una vida ejemplar y, luego, nos dijo que lo siguiéramos. La ruta a la bendición en su matrimonio se encuentra en las páginas de Mateo, Marcos, Lucas y Juan. Si usted no sabe cómo cambiar, empiece a leer allí, observando los caminos de Cristo y, después, imitándolos en su hogar.

Camine sobre las huellas de Jesús, niéguese a sí mismo y cargue su cruz diariamente. En Cristo, la muerte no conduce a la derrota. La gloriosa verdad que vimos, tres días después de la crucifixión, es que para Jesús y Sus seguidores la vida victoriosa siempre brota de la muerte.

Sección 3:

Sea una reina para su rey.
*El mensaje de Debbie
para las mujeres*

Capítulo 6

EL REY DEL CASTILLO

Unos pocos años después de casarnos, Robert y yo estábamos cenando con un pastor y su esposa. Aunque nos amábamos profundamente, a causa de nuestra inmadurez yo estaba frustrada y enojada con Robert frecuentemente. Como resultado de esta insatisfacción en mi corazón, yo destrocé el orgullo de mi esposo delante de nuestros anfitriones. Tratando de ser divertida y deseando la aceptación de esta pareja, ventilé públicamente una de mis quejas privadas.

Inmediatamente, supe que había cometido un grave error. Las miradas deliberadas de un lado a otro de la mesa y las risas de cortesía confirmaron mi humillación mientras el nudo en mi estómago se endurecía. Lo peor de todo, la mirada en el rostro de Robert mostraba su devastación. Mi propia conciencia me redarguyó…yo había difamado a mi esposo para verme y sentirme mejor.

Más tarde, mientras ayudaba a la esposa del pastor en la cocina, ella me dio consejos que cambiaron mi manera de dirigirme a mi esposo. Con ternura, dijo: "Debbie, cada hombre debe ser rey en su propio hogar. Si Robert no es rey en su hogar, entonces, ¿dónde va a ser rey?".

Su sabia amonestación cobró sentido en mi corazón. Tan infeliz como era en mi matrimonio, en el fondo sabía que Robert necesitaba ser honrado y respetado. Lo que no sabía era que el honor era la llave para el corazón de mi esposo. Olvide el viejo adagio que promete: "El camino al corazón de un hombre es a través de su estómago". Todo el repertorio de mi menú podía caber en un pedacito de papel, de manera que tendía poca esperanza de ganar el corazón de mi marido si ese dicho fuera cierto. Pero yo sí tengo el corazón de mi esposo porque el honor se ha convertido en el imán que atrae a Robert hacia mí, constantemente, durante 26 años.

Usted puede estar pensando, "Sí Debbie, eso está bien para ti. Robert es un buen esposo, merece respeto. Yo estoy casada con un patán que me trata horriblemente. ¡No puedes esperar que honre eso!". Querida hermana, ningún hombre es perfecto; y ninguno, excepto Jesús, se gana el respeto consistentemente. Como sea que su esposo actúe, es su privilegio y responsabilidad responderle con honor.

Jesús era un hombre, y como tal, Él era afectado por el honor y el respeto. En Mateo 13, aprendemos que después de que Jesús estuvo ministrando por toda Judea, regresó a Su propio país y a Su propio pueblo. Él enseñó en la sinagoga con gran sabiduría; de hecho, tan notablemente que el pueblo de Nazaret comenzó a cuestionar Su capacidad. ¿Cómo podía Jesús, el hijo del carpintero, hablar con tal autoridad? Estas personas, Sus amigos, familia y vecinos, desacreditaron Su ministerio. Jesús respondió:

"En todas partes se honra a un profeta, menos en su tierra y en su propia casa".

Mateo 13:57, nvi

Aun Jesús, el único hombre perfecto que caminó sobre la tierra, fue despreciado por Su familia y amigos, lo que demuestra que la familiaridad engendra desprecio. Como resultado, Mateo 13:58 nos dice que, "Y por la incredulidad de ellos, no hizo allí muchos milagros".

Me parece increíble que a Jesús, la Palabra de Dios, por medio de quien se creó al mundo y que vino a la tierra en forma humana, haya sido obstaculizado por la incredulidad. Ciertamente Él no carecía de la capacidad de hacer milagros, pero sí carecía de los medios. Dios siempre obra a través de la fe; por lo tanto, la incredulidad de las personas más cercanas a Jesús hizo que se perdieran de las maravillas de Dios. Su falta de fe era evidente al rehusarse a honrar a Jesús. ¡Esto me sugiere que hay poder en honrar! El que ellos se rehusaran a honrar a Jesús se convirtió en un obstáculo para Él, rehusarnos a honrar a nuestro esposo, ¿podría ser un obstáculo para ellos también? Si elegimos honrar a nuestro esposo, ¿podríamos estar impulsándolos para que hagan cosas increíbles?

Mi experiencia como esposa y mi testimonio de la dulce paciencia de Dios para enseñarme cómo ser una esposa dice: "¡Sí!". Efesios 5:33 dice a las esposas que respeten y honren a sus esposos. Dios no nos da tareas imposibles de obedecer simplemente para vernos avergonzadas. Él sabe cómo es nuestro esposo porque Él es quien lo hizo. Una forma en que los hombres representan a Dios es la manera en que ellos reaccionan al honor. El respeto que se nos manda dar a nuestro esposo es el primer paso que podemos tomar hacia el matrimonio bendecido que Dios nos ha llamado a experimentar. Le garantizo se sorprenderá por el cambio en su esposo cuando usted comience a honrarlo.

Aprender a honrar

Según el *Nelson's Illustrated Bible Dictionary*, la palabra "honor" es sinónimo de "estima" y "respeto".[1] La *International Standard Bible Encyclopedia* explica que "respetar" es un verbo que insinúa "levantar el rostro".[2] Me encanta esta definición porque implica que dirigirme a mi esposo con respeto puede levantar su rostro abatido. Dios me ha dado una capacidad increíble para animar y fortalecer a Robert. Cuando él tiene temor o está avergonzado, Dios usa mi actitud reverente hacia él para levantar su cabeza.

Según la *McClintock and Strong Encyclopedia*, "...el honor se apoya en el juicio del pensamiento".[3] En otras palabras, el verdadero honor comienza en la mente y está formado por nuestras reacciones a las acciones de nuestros esposos. Permítame pintar dos escenarios comunes para ayudar a ilustrar mi punto.

Un cuarteto de mujeres de la liga de tenis está en un restaurante de lujo, tomando bebidas y ordenando de un menú de platillos escandalosamente caros. Adornadas con diamantes y la última moda de Nike, cada una intenta superar a la otra con historias de sus más recientes adquisiciones de muebles o sus más recientes viajes. Pronto, el tema de conversación se desvía hacia los hombres en su vida. En lugar de alabar y reconocer el duro trabajo de sus esposos, el cual hace que su vida lujosa sea posible, ellas los critican por lo insensibles o poco atractivos o ausentes que son.

Justo, calle arriba, otras cuatro mujeres se reúnen en una sala de descanso para tomar café y conversar. No pasa mucho tiempo antes de que una de ellas cuente una historia vergonzosa sobre el más reciente fracaso de su esposo en el trabajo. Intentando superar esa historia, otro habla sobre las deficiencias de su esposo; y la competencia va alrededor de la mesa... ¿quién tiene el peor esposo? ¡Incluso los buenos son descuartizados como carnada de tiburones!

Cuando nosotras como esposas elegimos criticar cada movimiento de nuestros esposos, les robamos el respeto que necesitan para tener éxito. En su libro, *Matrimonio sobre la roca*, Jimmy Evans explica que el honor es la necesidad número uno del hombre.[4] De hecho, es tan dominante que los hombres se desplazarán hacia donde esa necesidad sea satisfecha. Si se les elogia en el campo de golf, van a jugar golf cada fin de semana. Si reciben respeto en el trabajo, trabajarán horas extra. Si reciben honra en la cafetería local, por parte de la camarera que nunca deja que su taza se vacíe, él frecuentará ese negocio cada mañana. Él es *su* esposo; no permita que alguien más satisfaga sus necesidades.

Si ve cómo su actitud irrespetuosa está dañando su matrimonio y deteniendo a su esposo para convertirse en el hombre que Dios quiere que sea, usted sabe que tiene que cambiar. ¿Pero cómo? Una vez más, una actitud respetuosa comienza con un corazón respetuoso. Debe reconocer que su esposo merece respeto; primero, debido a su posición; segundo, debido a su desempeño y tercero, porque su respeto providencial puede liberar un poder creativo en la vida de su esposo.

Primero: debe reconocer que su esposo fue un regalo de Dios para usted y es la cabeza de su hogar. Los presidentes y reyes reciben honor solo porque están en una posición de honor. Dios quiere ser alabado porque Él es Dios, no solo porque Él hace cosas buenas. De la misma forma, su esposo ha sido colocado en una posición de honor en su hogar. Eso exige respeto. Tal vez no sea un presidente, un rey o Jesús; pero su posición en su hogar merece honor.

Segundo: su esposo se merece respeto por su trabajo duro. Los atletas compiten por una medalla de oro. Los estudiantes se esfuerzan por la distinción del graduando con las mejores calificaciones. Los escritores anhelan el reconocimiento de un premio Nobel. Desear reconocimiento por un trabajo bien hecho es parte de la naturaleza humana. Cualquier hombre que va a trabajar todos los días es digno de honor en su hogar. Él no tiene que ser el empleado del mes o escalar corporativamente para ganarse el respeto de su familia. El acto mismo de ir, día tras día, a un trabajo donde probablemente es poco apreciado, para trabajar en algo que no disfruta, simplemente para poder mantener a su familia es digno de gran elogio. Su corazón agradecido motivará a su esposo a trabajar duro, todos los días, porque él está orgulloso de lo que está logrando por su familia.

Por último, debemos honrar a nuestro esposo debido a la clase de hombres que pueden llegar a ser. Yo llamo a esto "honor providencial" porque habla de la guía divina. Dios ha plantado semillas de grandeza en su esposo que deben ser cuidadas y cultivadas para que alcancen la madurez. Al respetar su potencial, usted crea un útero para que sus sueños crezcan y cobren vida. Cuando aprendí a honrar a Robert de esta forma, mi corazón hacia él cambió por completo. Aprendí a verlo por todo lo que podría llegar a ser en Cristo y no solo por quien era en el momento. La fe por lo mejor de Robert estaba en honrarlo porque yo coincidía con

Dios en que Robert podría convertirse en un mejor hombre de Dios. Al coincidir con Dios, un poder creativo fue liberado en nuestro hogar. Yo creí lo mejor para Robert, y él creció en ese honor. Aún hoy, lo honro por lo que llegará a ser mañana.

Los hombres necesitan respeto. Se alimentan de ello. Se deleitan con él. Si bien ningún hombre es perfecto, todos los esposos merecen honor por el lugar que ocupan en la familia, así como por el hecho de proveer. Si su esposo no alcanza sus expectativas, empiece a elogiarlo por las pequeñas cosas que hace bien. He aprendido que elogiar es cien veces más eficaz que regañar. Él se desconecta de mi voz quejumbrosa, pero es atraído por la voz que lo elogia.

Honrar de palabra y de hecho

Después de recibir el ánimo de la esposa de ese pastor para honrar a Robert como el rey de su hogar, comencé a preguntarme cómo sería hacer esto. Leí en el Antiguo Testamento como Sarah llamó a Abraham "Señor"... pero tal alabanza sonaba tan fuera de lugar en nuestra sociedad actual. Recordé que en la antigua cultura japonesa, las mujeres caminaban detrás de sus esposos; pero, nuevamente, esto sería raro hoy día en los Estados Unidos. Una vez conocí a la esposa de un pastor que siempre se refería a su esposo como "Hermano Jones". Bueno, no puedo imaginarme qué tipo de mirada me haría mi esposo si yo empezara a llamarlo "Hermano Robert" todo el tiempo. Entonces, ¿cómo es para *mí* honrar a *mi* esposo?

Nuestra cultura realmente no ofrece buenos ejemplos para nosotras. En lugar de honrar realmente a nuestros líderes, nos burlamos de nuestro presidente. Encontramos intentos endebles de elogios en los banquetes de premiaciones o en los nombres grabados en ladrillos que forman la estructura de un edificio. Estos son esfuerzos fugaces para dar honor. Nuestros esposos necesitan más que esto.

Mateo 12:34–35 dice (énfasis añadido):

> *¿Cómo podéis hablar cosas buenas siendo malos?* Porque de la abundancia del corazón habla la boca. *El hombre bueno de su buen tesoro saca cosas buenas; y el hombre malo de su mal tesoro saca cosas malas".*

Una vez usted haya elevado a su esposo a una posición de honor en su corazón, ese respeto debe fluir naturalmente en sus palabras. Sin embargo, si durante años usted lo ha criticado, posiblemente tenga que ser más intencional acerca de incluir elogios en su conversación.

Sus palabras tienen la capacidad de estimular o desanimar el potencial de su esposo.

> *Muerte y vida están en poder de la lengua.*
>
> Proverbios 18:21

¿Cuántas veces ha dicho cosas como: "Él es un idiota", o "Él nunca va a cambiar", o "No es más que un holgazán que nunca me ayuda?". Lo admito, ha habido varias veces que he pronunciado palabras que desearía no haber dicho. Cuando comencé a darme cuenta del poder de mis palabras, tanto para mal como para bien, tomé una decisión a conciencia de trabajar con Dios en vez de en Su contra para liberar poder sobrenatural, a través de Robert, sobre nuestro matrimonio y familia. Vida puede fluir desde su boca hasta el corazón de su esposo e incluso más allá, hasta a la atmósfera de su hogar. Decidir hablar palabras positivas de aliento en la vida de Robert fue la parte fácil; realmente, hacerlo a diario, demostró ser lo más difícil. En poco tiempo me di cuenta que si mis pensamientos hacia Robert permanecían negativos, mis palabras seguirían el mismo camino. Durante mucho tiempo, había mantenido una lista mental de todas las fallas y errores de Robert. Cada vez que en él cometía un error, iba a mi lista. ¿Cómo podría esperar animar consistentemente a mi esposo cuando mis únicas opiniones de él eran escépticas?

Un día, escuché a una amiga explicar cómo hizo una práctica de elogiar a su esposo siete veces al día. Dios me impulsó a hacer lo mismo, pero yo estaba negativa porque no creía que pudiera conseguir siete cosas al día por las cuales alabar a Robert. Si hubieran sido siete regaños, ¡eso no habría sido ningún problema!

Cuando mi corazón finalmente se sometió a la dirección de Dios, traté de elogiar a Robert, pero los primeros intentos fueron incómodos y falsos. Mi corazón me condenaba, "Hipócrita, tú no lo sientes" tenía razón... Yo no lo sentía. Mis elogios eran adulación vacía, no una genuina admiración. Así que hice una oración como esta: "Dios, si quieres que elogie a Robert, tienes que ayudarme. Quita las escamas de mis ojos para que pueda verlo como Tú lo ves". Esta se convirtió en mi oración durante varias semanas y meses y, después de un tiempo, comencé a ver a Robert de manera diferente.

La alabanza hacia mi esposo cambió de: "Qué bueno que no pateaste al gato" (dicho en un tono sarcástico) a "Eres es un buen proveedor y aprecio lo duro que trabajas" (dicho con amor sincero). Aun en la actualidad tengo que negarme a meditar en la lista negativa. En el intento de robar, matar y destruir nuestro matrimonio, a Satanás le encanta atormentarme con las fallas de Robert. Sin embargo, conozco sus estrategias y elijo no creer en sus mentiras. Opto por la vida en mi matrimonio a través del honor, en lugar de la muerte de nuestra relación a través de la deshonra. Recuerde:

> *Las armas de nuestra contienda no son carnales, sino poderosas en Dios para la destrucción de fortalezas, destruyendo especulaciones y todo razonamiento altivo que se levanta contra el conocimiento de Dios, y poniendo todo pensamiento en cautiverio a la obediencia de Cristo.*
>
> 2 Corintios 10:4–5

Una vez mi corazón, mente y boca estuvieron de acuerdo, honrar a Robert se volvió más fácil. El siguiente paso, respetarlo a través de mis acciones, fue natural. Proverbios 31:11–12 describe a una esposa virtuosa: "En ella confía el corazón de su marido, y no carecerá de ganancias. Ella le trae bien y no mal todos los días de su vida". Aprendí a honrar a mi esposo no solo en mi corazón y con mis palabras, sino también siguiendo sus deseos. Cuando Robert estaba en el trabajo, yo disciplinaba a nuestros hijos en la forma en que yo sabía que él quería. Cuando estaba de compras, me apegaba al presupuesto que había establecido para nuestra familia. En cualquier situación que me encontrara, sabía que Robert quería que su esposa se comportara con santidad e integridad. Honré sus deseos. Como su esposa, yo lo represento. Así que debo respetar quien él es siguiendo sus deseos.

¿Le he pintado una imagen de Robert en un traje de ángel con un halo resplandeciente sobre su cabeza? Usted podría estar pensando que si yo puedo ser tan generosa con los elogios y tan obediente a sus deseos, ¡él debe ser un santo! Bueno, él no es un santo. Robert comete sus errores, pero he aprendido que aunque se equivoque, yo debo honrarlo.

Hace un par de años atrás, Robert y yo estábamos aconsejando a una pareja. Cuando la esposa comenzó a preguntar sobre las fallas de Robert, me negué a satisfacer su curiosidad. Molesta, me preguntó por qué cubría a Robert. Mi respuesta a ella fue: "Ese es mi privilegio". Yo conozco a Robert mejor que nadie en la tierra, y sé que él no es perfecto...pero es mi deleite no contarlo. Al mantener sus debilidades entre nosotros, creo un refugio seguro para que él se ampare allí. El corazón de Robert cree confiadamente en el mío.

Una advertencia a este consejo que doy es: Si su esposo está involucrado en pecado grave o en abuso, usted no debe cubrirlo. En estas situaciones, se demuestra más amor al buscar ayuda. Yo sugiero cubrir sus debilidades y deficiencias solo cuando no la están poniendo en peligro a usted, a él o a alguien más.

Señoras, cuando Dios creó a su esposo, Él planeó grandes cosas para él. Su cónyuge tiene un potencial del que ninguno de los dos está siquiera consciente todavía. ¿Quién sabe? Tal vez su esposo está destinado a dirigir una gran compañía o inventar un producto sorprendente o servir como un ministro ungido. Quizás él está destinado a ser un gran esposo, padre y abuelo, que son logros maravillosos en el mundo de hoy. Robert ha alcanzado gran éxito como pastor, escritor y orador; pero sus mayores títulos son "esposo devoto" y "padre maravilloso". Si nadie conociera su nombre, él seguiría siendo célebre para su familia. Tal vez su esposo nunca tenga un trabajo de alto perfil; pero si tiene éxito en su hogar, él habrá demostrado ser grande en el reino de Dios.

Tenga por seguro que Dios ha plantado semillas de grandeza en su esposo. El trabajo suyo es cultivar esas semillas a través del honor y el respeto. A medida que usted elogia, hoy, su trabajo duro y estimula actos de fe para el mañana, usted concede bendiciones sobre él que lo impulsará hacia la grandeza que Dios planeó para él desde el principio.

Cuando Robert y yo estábamos recién casados, yo tenía un aprecio por la virtud de la sabiduría. Proverbios 3:13–14 dice:

> *Bienaventurado el hombre que halla sabiduría,*
> *y el hombre que adquiere entendimiento;*
> *porque su ganancia es mejor que la ganancia de*
> *la plata,*
> *y sus utilidades mejor que el oro fino.*

Estaba tan impresionada con el valor de la sabiduría que comencé a pedirle a Dios que le concediera a Robert sabiduría más allá de su edad. Aún más, comencé a reconocer las sabias decisiones que Robert estaba tomando como hombre joven en sus veintes. Hoy día, un comentario frecuente que la gente hace sobre Robert es que él es sabio más allá de sus años. Sonrío ante eso, porque, aunque yo no lo hice sabio, desempeñé un papel para que él se volviera sabio, estando de acuerdo con Dios en lo que Él quería que Robert se convirtiera.

Cumplidos, elogios, aplausos, aprobación, aprecio...su esposo los necesita de usted. Es su mayor necesidad emocional, y él no tendrá éxito a menos que esta necesidad sea satisfecha. Sí, será difícil de hacer al principio, pero recuerde lo que hablamos al principio del libro. Usted no está en una relación contractual con su esposo, protegiendo sus derechos y limitando sus responsabilidades. Usted está en una relación de pacto, lo que significa que usted renuncia a sus derechos y asume la responsabilidad de amar a su esposo. El amor hacia su esposo se deletrea "r-e-s-p-e-t-o".

Orden en lugar de caos

¿Recuerda el viejo programa de televisión "Todo en familia"? Archie Bunker era, sin duda, el rey de su hogar, pero Edith no era una reina. Ella era más como su sirvienta, corriendo por todas partes, satisfaciendo todos sus caprichos. "Sí, Archie" era la única respuesta aceptable de Edith, y "pero, Archie" rara vez se toleraba.

¿Piensa en Edith Bunker cuando escucha la palabra "someterse"? Es probable que usted haya hecho el voto de nunca ser como Edith, y por consiguiente, se prometió a sí misma que nunca se sometería. "Sumisión" nos hace pensar en "obediencia", y eso no es, precisamente, atractivo a nuestra voluntad. Como mujeres, queremos gobernar nuestra propia vida y nuestro propio hogar; por lo tanto, vamos a declararle la guerra a quien sea o a lo que sea que amenace nuestro régimen.

La sumisión es un concepto muy odiado entre las mujeres porque ha sido malinterpretado. Propongo un cambio de expresión. En lugar de sumisión, usemos la palabra "gasto". Eso es menos amenazante, ¿no? "Gasto" me hace pensar en un saldo infinito en mis tarjetas de crédito y posibilidades ilimitadas. Así que, lo que le sugiero es que usted gaste... gaste su vida por su esposo. Ok, así le dimos un giro. Pero en realidad, someterse a su esposo se parece a renunciar a sus derechos y demandas y, en su lugar, gastarse a sí misma por él.

Como esposas, la Palabra de Dios claramente nos instruye a someternos. Colosenses 3:18 y Efesios 5:22, ambos nos dicen que nos sometamos a nuestros esposos como al Señor. ¿Está usted retorciéndose en su asiento? ¿Por qué Dios quiere que nos sometamos? Hay una respuesta muy sencilla a esa pregunta: Dios quiere que nos sometamos porque Él es un Dios de orden.

Cuando Dios creó el universo, Él estableció orden en un planeta que estaba "sin orden y vacío" (Génesis 1:2). Él fijo al sol para regir sobre el día y a la luna para regir sobre la noche. Cuando Él lo hizo, Él dijo que era bueno (Génesis 1:17–18). Donde el caos había reinado, Dios habló armonía.

Después de que Eva comió del fruto prohibido, Dios le habló y dijo: "En gran manera multiplicaré tu dolor en el parto, con dolor darás a luz los hijos; y con todo, tu deseo será para tu marido, y él tendrá dominio sobre ti". (Génesis 3:16, énfasis añadido). De la misma forma en que Dios puso orden en el día y la noche, Él puso orden en la familia.

¿Alguna vez ha tratado de cambiar el patrón del día y la noche? Yo lo he hecho, cuando quiero unas horas más de sueño o unas cuantas horas más para terminar de hacer las cosas. Pero no importa qué tan duro lo intente, no puedo detener que el sol o la luna se alcen. ¿Por qué no? Porque existe un orden universal establecido.

La tendencia de Dios hacia el orden también puede ser visto en la ley que Él le dio a Israel a través de Moisés. Había una forma específica en que Él quería que su sociedad funcionara. Más tarde, Dios también instruyó a Moisés en cómo construir el tabernáculo. Le dio instrucciones muy detalladas a seguir cuando construyera Su casa. Después que Jesús ascendió al cielo y vino el Espíritu Santo, la iglesia tomó forma. Dios habló a través de los apóstoles; de nuevo, para establecer el orden de manera que el cuerpo de Cristo pudiera ser un vaso funcional a través del cual Él pudiera trabajar. Dios es un Dios de orden, siempre dando sentido a lo que de otro modo sería caos.

Dios estableció un orden familiar, y lo hizo porque quería que prosperáramos en hogares funcionales que pudieran ser instrumentos para glorificarlo. Cuando el pecado entró al mundo, también lo hizo el caos. Sin un orden respetado, en lugar de la armonía el caos reinaría en nuestros hogares. Permítame preguntarle: El caos que hay en su familia ¿podría ser a causa de una negativa para observar el orden natural que Dios puso en su matrimonio?

Hermana, al ceder a la sumisión, no se está resignando a una posición de esclavitud. Recuerde: el matrimonio es la imagen de la Trinidad. Así como Dios el Padre es la cabeza sobre Sus iguales, Cristo y el Espíritu Santo, así es su esposo la cabeza sobre usted. Él es su fuente, su líder. Usted no es inferior a él; usted es valiosa porque también porta la imagen de Dios. En la organización del matrimonio, sencillamente, usted cumple una función diferente a la de su esposo. (Hablaremos más sobre su papel fundamental en el capítulo ocho).

Si hasta este punto de su matrimonio, ha seguido los lineamientos de su esposo con un corazón renuente, usted ha sido una esposa obediente, pero no esposa sumisa. Obediencia es lo que esperamos de nuestros hijos; no es la forma en que usted debe responderle a su esposo. La sumisión fluye de un corazón dispuesto, entregando su voluntad incluso si usted no está de acuerdo o no entiende las decisiones de su esposo.

Cuando usted elige adherirse al juicio y liderazgo de su esposo, usted presenta una imagen de Cristo ante el mundo. Jesús siempre hizo las cosas a la manera de Su Padre, incluso si era la forma difícil. Esta es una forma en que Jesús nos enseñó a honrar a Dios.

Una de las lecciones más importantes que he aprendido acerca de la sumisión, que ha mantenido mi corazón centrado y puro, es hacer de las decisiones de Robert mis propias decisiones. Cuando hay un problema que resolver en nuestra vida familiar, Robert ora, me pide consejo y luego toma una decisión. Él no siempre hace lo que yo pienso que debería hacer. Pero cuando no lo hace, aun así me pongo de su lado, en total apoyo de su elección. La mayor parte del tiempo, las cosas resultan bien, y yo estoy, orgullosamente, a su lado. Pero en aquellos momentos en los que nos llevó por el camino equivocado, no lo he culpado ni me hago la víctima. Me quedo a su lado, animándolo y enfrentando las consecuencias con él.

La sumisión puede ser una decisión que da temor, especialmente si su esposo no es alguien que realmente busque la dirección de Dios. Permítame dirigirle a otros dos mandamientos de la Palabra de Dios: Por encima de todo, sométanse a Dios (Santiago 4:7), y solo confíe en Él (Proverbios 3:5). Si su esposo no es digno de su sumisión, Dios estará ahí para cuidar de usted. Si yo me estoy sometiendo al Señor mediante la sumisión a mi esposo, entonces yo puedo pedirle, con confianza, a Dios que actúe en mi beneficio. Cuando las decisiones que su esposo tome le asusten, sométase y ore. En el capítulo 8, compartiré más acerca de cómo he aprendido a hacer suplicas piadosas cuando las decisiones de Robert me preocupan. Hay una forma sumisa de dirigirse a su esposo en lo que se refiere a sus preocupaciones. Sin embargo, su primer paso siempre debe ser suplicarle al Señor por su caso. Y por encima de todo, permitirle que obre por usted.

¿Está familiarizada con el libro de Ester? Habla sobre dos reinas casadas con el mismo rey en diferentes momentos. La reina Vasti, la primera esposa del rey, eligió deshonrar a su esposo negándose a someterse a su deseo de que ella asistiera a su celebración. No se nos dice por qué ella tomó esa decisión tan tonta; tal vez el rey merecía su desprecio. Cualquiera que sea su razonamiento, ella sufrió las consecuencias de faltarle al respeto a su esposo cuando él la apartó de su presencia para siempre.

La reina Ester tomó el lugar de Vasti en el palacio y, sin duda, aprendido del error de Vasti. Cuando Ester descubrió un complot para destruir a su pueblo, los judíos, se vio obligada a considerar lo que debía hacer para salvarlos. Siendo reina, ella podría ejercer alguna influencia sobre el rey; sin embargo, ella sabía que no podía exigir una audiencia con él y después darle órdenes…su predecesora vivió en el exilio por hacer ese mal movimiento. A través del ayuno y la oración, Ester decidió honrar al rey con banquetes y esperar el momento adecuado para pedir su favor. Su acercamiento humilde, respetuoso y reverente, agradó al rey y le concedió su petición. Toda la nación judía fue salvada debido a la fe de Ester en Dios y el acercamiento respetuoso hacia su esposo.

Ester puede ser un modelo a seguir para nosotras como esposas, no solo porque ella obedeció a Dios al honrar a su esposo, sino también porque Dios la usó para Sus máximos propósitos debido a su espíritu respetuoso.

Si usted se siente como una reina Vasti, expulsada de los pensamientos de su esposo, anhelando la intimidad que una vez compartieron, la animo a cambiar su acercamiento hacia él. Comience a honrarlo ahora, en cada oportunidad. Haga una lista de sus grandes cualidades. Enumere todo lo que él está haciendo bien, y luego busque formas de presumir de él. Se sorprenderá de cómo él se sentirá atraído hacia usted.

Trate a su esposo como rey, el rey de su hogar. Él se sentirá atraído por ese trono de honor y probablemente comenzará a tratarla más como la reina que usted es también.

Capítulo 7

SEXO: EL REGALO DE DIOS PARA EL MATRIMONIO

Sentada a la mesa con una mujer que llamaré Sharon, traté de no parecer sorprendida mientras ella me revelaba su vida matrimonial en voz baja. Sharon, una mujer inteligente y brillante, después de tres años de matrimonio, había llegado a mí en busca de consejos para su relación. Aceptando reunirme con ella en un restaurante de Dallas, oré y le pedí a Dios que me diera sabiduría, sin esperar realmente que sus problemas fueran diferentes de las de otras mujeres que había aconsejado.

A medida que ella comenzaba a compartir, descubrí que ella y su esposo, Manuel, eran muy amables y cordiales el uno con el otro. Él era un maravilloso padre, y no tenían deudas. Por lo que podía notar, ellos estaban manejando la vida conyugal bastante bien. Sabiendo que ella me había buscado porque estaban teniendo dificultades, esperé pacientemente a que la conversación se centrara en el área de preocupación.

No estaba preparada para lo que Sharon me reveló. Ella me dijo que había falta de intimidad en su relación desde hacía más de dos años.

Sharon quedó embarazada cuando estaban recién casados. Hubo complicaciones con el embarazo, y el médico recomendó que suspendieran las relaciones sexuales. Después de un parto difícil, la joven pareja centró su atención y energía en cuidar a su recién nacido. Pasaron los meses y la intimidad nunca regresó. Ellos se las arreglaron para mantenerse agradables y considerados en sus interacciones, pero nunca se abrazaban, tomaban de las manos, besaban o tenían relaciones sexuales. Ellos se habían convertido en compañeros de cuarto; se dividían las responsabilidades del hogar, compartían la cama, pero no se entregaban físicamente el uno al otro.

La revelación más impactante en mi conversación con Sharon llegó cuando ella me dijo que, ni ella ni Manuel, pensaban que esta falta de intimidad era extraña. Quedé perpleja ante su manera de pensar acerca del matrimonio y estaba confundida acerca de la razón por la que Sharon me había invitado a almorzar. Si ellos mantenían una relación civilizada y ambos estaban contentos con no tener relaciones sexuales, le pregunté cuál era el problema en su matrimonio. Ella me dijo que temía que Manuel pudiera estar interesado en alguien más.

Las sospechas de Sharon resultaron ciertas. Manuel había estado involucrado con una mujer de su oficina que había comenzado a trabajar con él unos seis meses antes de mi almuerzo con Sharon. Aunque Manuel pudo haberle dicho a su esposa que él no necesitaba sexo para estar satisfecho en su matrimonio, sus acciones traicionaron sus palabras.

Corrió hacia una mujer que satisfizo su necesidad de intimidad sexual porque esta no estaba siendo satisfecha en casa.

La intimidad sexual desempeña un rol fundamental en un matrimonio saludable. Como mujeres, a menudo minimizamos la importancia del sexo en nuestra relación con nuestro esposo. El experto en matrimonios, Jimmy Evans, al informar sobre una encuesta, reveló una sorprendente verdad acerca de los puntos de vista de los hombres y las mujeres sobre el sexo.[1] Cuando se le pidió que listaran sus prioridades, las mujeres colocaron el sexo en el número trece, justo después de la jardinería. Los hombres, por otro lado, lo clasificaron en el número dos. El honor es su mayor necesidad; el sexo es su segunda mayor necesidad.

Usted es el regalo de Dios para su esposo. Él la equipó con todo lo necesario para satisfacer sus necesidades. Así como usted está para honrarlo y respetarlo, también debe buscar satisfacer su necesidad física por el sexo. Por mucho que las mujeres se quejen acerca de sexo, siempre me sorprendo al escuchar a mujeres divorciadas y viudas lamentarse por la pérdida de intimidad con sus esposos. Usted tiene necesidad de afecto, no sexual y sexual, y usted quiere que su esposo satisfaga esas necesidades. Para ser justas, tratemos de entender el ansia de nuestro esposo por el sexo.

Sexo: El regalo de Dios para la humanidad

Un talentoso mecánico de automóviles había cuidado y provisto para sus hijos durante más de veinte años. Ningún padre podría haber amado más a sus hijos; ellos eran su deleite y alegría. Cuando crecieron, ellos comenzaron a tener citas e ir sin rumbo hacia el matrimonio por su cuenta. Este padre comprometido quería darle, a cada uno, un regalo especial que pudiera apreciar y disfrutar cuando comenzara su propia familia. Debido a que era hábil con los vehículos, él decidió construirle a cada uno un automóvil especialmente diseñado, que podrían usar y disfrutar durante los años venideros.

Este padre pasó incontables horas e invirtió miles de dólares en cada vehículo, diseñándolos especialmente para felicitar a cada hijo. Su hijo mayor fue el primero en casarse. El día de su boda, el padre reveló el carro con un gran moño rojo. Su corazón estalló con orgullo y alegría ante la ilusión de ver a su hijo conduciendo por la carretera, su nueva esposa acurrucada junto a él, con la parte superior hacia abajo y el viento alborotando sus cabellos. ¡Qué alegría obtendrían de este regalo!

Imaginen el desconsuelo del padre cuando supo que su hijo había cambiado el carro por un camión de trabajo. "Papá", dijo el hijo, defendiéndose: "no es que no me gustara el carro. Es solo que necesitaba algo más práctico para mi trabajo".

Con el corazón roto, el padre regresó a terminar el carro en el que había estado trabajando para su hija. El día de su boda, sus esperanzas eran nuevamente altas, mientras presentaba su obra maestra a su preciosa niña. Ella y su esposo podrían ir juntos en su tiempo libre, los fines de semana, en su coupé deportivo, y serían la envidia de todos sus amigos.

Tristemente, otra vez el padre estaba devastado cuando visitó a su hija y yerno después de seis meses y descubrió que el carro nunca había dejado el garaje. "Papá", la joven mujer explicó, "es simplemente demasiado fino. El autobús pasa justo frente a la casa, por lo que lo tomo para ir al trabajo todos los días. Tal vez cuando haya una ocasión especial, lo utilizaremos".

Señoras, nuestro Padre celestial también creó un regalo especial para cada uno de Sus hijos casados. Muchos hombres cambian su hermoso regalo de Dios por lo que resulta ser un viejo camión de trabajo, y muchas mujeres dejan su hermoso regalo de Dios en el garaje y nunca lo disfrutan. Aunque está diseñado para fines prácticos, también está previsto para el placer. Dios quiere que nos deleitemos con nuestro cónyuge, disfrutando del sexo como un magnifico regalo.

¿Le sorprende que Dios quiera que disfrute del sexo? Puede sonar irreverente porque muchas personas ven a Dios como una anticuada, impasible y distante deidad que creó al hombre y a la mujer, pero nunca tuvo la intención de que descubrieran el sexo. Querida hermana, oro porque usted le permita a Dios mostrarle quién es Él en realidad. Nuestro Padre es un ser apasionado. Él creó el romance y la intimidad y se deleita cuando disfrutamos de ellos, porque Él también se complace en ellos.

¿Cómo sería su vida sexual si la viviera a la manera de Dios? ¿Cree que sería emocionante o aburrida? La cultura loca por el sexo, en la que vivimos, quiere que usted crea en la perversa distorsión de una placentera vida sexual, pero podríamos aprender más si regresáramos al Jardín del Edén y vemos como habría sido antes de que el pecado distorsionara el propósito de Dios.

Antes de la caída del hombre, Adán y Eva vivían desnudos y sin vergüenza. Sin egoísmo que los confundiera, ellos eran completamente sensibles y atentos el uno del el otro. Cuando estaban juntos físicamente, debe haber sido una expresión natural de su amor profundo. Ninguno habría utilizado al otro para satisfacer sus propias necesidades. Su motivación siempre era la de complacer a la otra persona. Imagínese cuán apasionada y exhaustivamente debieron haberse entregado el uno al otro. El sexo era gratificante para ambos, porque cada uno buscaba satisfacer las necesidades del otro.

Otro lugar en las Escrituras al que podemos mirar para descubrir el sentir de Dios por el sexo dentro del matrimonio es en el Cantar de los Cantares. Si usted nunca ha leído o estudiado este libro, le recomiendo altamente que lo haga. Cuenta la historia de una joven pareja apasionada, enamorada, y sus experiencias con el romance y el sexo; sí, ¡Dios puso este libro en la Biblia! A medida que el libro se abre, leemos:

> *¡Que me bese con los besos de su boca!*
> *Porque mejores son tus amores que el vino*
> *Tus ungüentos tienen olor agradable,*
> *tu nombre es como ungüento purificado;*
> *por eso te aman las doncellas.*
> *Llévame en pos de ti.*
>
> Cantares 1:2–4

Si usted lee el resto de la historia, verá lo apasionado que Dios puede ser.

Dios hizo a los esposos y esposas para ser amantes. Él quiere que ustedes se llenen de júbilo mutuamente. Aunque que su esposo puede necesitar más el sexo, este fue creado para que usted también lo disfrute. Dios le dio cinco sentidos para que disfrute del mundo que le rodea.

Considere la forma en que usted disfruta de la creación de Dios: viendo el amanecer, acurrucándose con un gatito, oliendo el aroma de la lluvia, escuchando el romper de las olas y saboreando frutas recién cortadas. Dios nos hizo con los sentidos que necesitamos para disfrutar de Su creación realmente. Amigos, el sexo es otro de los regalos de Dios que estamos predestinados a experimentar y disfrutar plenamente a través de nuestros sentidos.

Él me ha traído a la sala del banquete,
Y su estandarte sobre mí es el amor.
Sustentadme con tortas de pasas,
Reanimadme con manzanas,
Porque estoy enferma de amor.
Esté su mano izquierda bajo mi cabeza,
Y su mano derecha me abrace.

Cantares 2:4–6

¿Ve cómo, tanto el gusto como el tacto, son parte de la búsqueda de intimidad de esta joven pareja apasionada? Así es como Dios quiso que fuera. La Biblia nos dice: "Sea el matrimonio honroso entre todos, y el lecho matrimonial sin mancilla". (Hebreos 13:4). El sexo es un acto sagrado, e incorporar todos sus sentidos en el lecho matrimonial es lo que hace que la experiencia sea saludable y satisfactoria. Puede sonar extraño decir que el sexo es sagrado, pero eso es porque nuestra cultura nos ha robado nuestra inocencia y ha degradado el regalo que Dios pretendía que fuera el sexo.

Recuerdo la primera vez que escuché y comprendí este pasaje de Hebreos. Nuestro pastor en ese momento, Olen Griffing, lo citó, y su verdad me impresionó. Por primera vez en mi vida, vi al sexo como un acto virtuoso con el que Dios estaba complacido. En un momento, las mentiras que había creído sobre el sexo fueron expuestas, y yo fui libre de su control. Fui libertada para explorar este regalo y descubrir todo lo que estaba destinado a ser.

La intimidad sexual es parte de la imagen de Dios. Al unirnos desinteresadamente, entregándonos completamente para servir a nuestra pareja, nos parecemos a Jesús como un siervo desinteresado. Al unirnos apasionadamente, reflejamos la imagen de amor de nuestro Padre que se nos da en el Cantar de los Cantares. Al unirnos vulnerablemente, compartiendo intimidades que son solo nuestras, demostramos la disposición del Espíritu Santo para revelarnos abiertamente la Divinidad. El sexo es hermoso y debe ser acogido por ambos, tanto el esposo como la esposa. Cuando usted se entregue a la intimidad física, se sorprenderá de lo que esta cercanía compartida puede restituirle.

Intimidad que comunica

Su esposo tiene una necesidad legítima por el sexo. Usted tiene una necesidad legítima por la comunicación. ¿Sabía que puede utilizar la una para llevar a cabo la otra? Si ha intentado todo lo que sabe sobre cómo hablar con su esposo, considere lo que una vida sexual activa le comunicaría a él.

En primer lugar, cuando usted da prioridad a su vida sexual, le está diciendo a su esposo que sus necesidades son importantes para usted. ¿Él sabe que las necesidades de él son importantes para usted, o solo sabe que las necesidades suyas son importantes para usted?

Otro mensaje que llega fuerte y claramente a través de una sana vida sexual es aceptación. La expresión vulnerable de sexo comunica a voces su aprobación a su masculinidad. Cuando usted se niega a tener relaciones sexuales noche tras noche, usted no está solo rechazando el sexo, está rechazando a su esposo. Él no se siente querido o amado por usted cuando lo aleja continuamente.

El sexo para su esposo es una expresión de su masculinidad. El Dr. Gary Rosberg explica que, "Un hombre encuentra gran parte de su propia masculinidad en su sexualidad. Es parte de nuestra masculinidad; no podemos borrarlo… no menos del 50 por ciento y hasta un 90 por ciento de la autoimagen de un hombre está encerrada en su sexualidad".[2] Su aceptación en la cama le dice que usted cree que él es capaz de satisfacerla y cuidarla. Una vez que él está convencido de su fe en él, será más probable que progrese en otras áreas distintas a la recámara. Su acto de amor le dará la confianza que necesita para ser un esposo y padre piadoso, así como el valor que necesita para vivir la vida de manera tan intrépida como Dios lo haya llamado.

Jack Hayford explica en su libro *Sex and the Single Soul*.[3]

> *He encontrado que donde sea que haya una ruptura en la comunicación de una pareja casada, casi siempre, se remonta de alguna forma a la ausencia de una relación sexual mutuamente satisfactoria. La intimidad de las relaciones sexuales entre esposo y esposa, su acto de completa autorevelación, sometimiento mutuo y entrega desinteresada, es el corazón de la relación matrimonial.*

Si la comunicación es un problema entre usted y su esposo, no lo busque solo para que le hable más. Mírese a usted misma para conversar con él a través del sexo.

Una relación sexual sana es importante para una relación matrimonial sana. Hay peligros en ignorar los aspectos físicos de su matrimonio. Su esposo, definitivamente, se sentirá rechazado, e incluso puede caer en la tentación del adulterio, en un intento de que su necesidad sea satisfecha. Mantener una vida sexual vivaz mantiene sus ojos y su corazón inclinado hacia usted y fomenta un ambiente para una sana comunicación dentro del hogar.

Superar los obstáculos

Tal vez haya leído hasta aquí y está asustada porque sin importar qué tan trascendental le haya dicho que es el sexo, usted todavía no quiere hacerlo una prioridad. Amiga, sus sentimientos son comprensibles. Usted no está sola en su incomodidad o incluso desagrado por la intimidad física. Satanás ha hecho un excelente trabajo construyendo muros entre la mujer y su esposo con el propósito de obstruir la intimidad sexual. El enemigo sabe cuán importante es el sexo en un matrimonio y, por lo tanto, no se detendrá ante nada para alejarnos de una vida sexual sana.

El engaño siempre ha sido el mayor aliado de Satanás…de ahí obtuvo el nombre de, "padre de mentira". Utilizando esta astuta herramienta, él ha convencido a nuestra cultura de una montaña de mentiras sobre el sexo. Solo por nombrar algunas: "El sexo fuera del matrimonio es divertido y emocionante". "Tu valor está determinado por tu sensualidad". "Tú no eres atractiva si no tienes un cuerpo de supermodelo". "Si eres cristiana, el sexo debe ser estéril y aburrido". Embaucadas por el engaño, muchas de nosotras hemos llegado a creer que debemos de cumplir con nuestra obligación marital solo "aguantándonos y soportándolo".

Amada, le han mentido. No deje que este mundo o el diablo le digan cómo debe ser el sexo. Deje de compararse con modelos de revistas y superestrellas de televisión. Usted fue creada perfectamente imperfecta, perfecta porque el diseño de Dios es perfecto e imperfecta porque usted tiene una naturaleza pecaminosa. Todos somos perfectamente imperfectos. Usted, sin embargo, es la elegida de Dios para su esposo. Niéguese a compararse a sí misma con las expectativas poco realistas del mundo y en su lugar esfuércese por satisfacer el estándar de Dios para ser una esposa virtuosa.

A Satanás también le encanta mentirle acerca de su esposo. Si usted elige escuchar los cuentos ficticios que el enemigo engendra, cae directamente en sus manos y lejos de los brazos de su esposo. Cuando él alardea de las fallas y defectos de su esposo frente a usted, elija perdonar y dar gracia. ¿Alguna vez ha notado que su esposo se ve cada vez menos atractivo mientras más se acerca la hora de acostarse? Ese es Satanás en acción. Le encanta comenzar una pelea justo antes de que ustedes se vayan a la cama. Si él puede lograr que se enoje con su esposo, él sabe que no habrá intimidad, y su estrategia para destruir su matrimonio continúa.

Satanás utiliza la mentira para mantenerla alejada del sexo porque sabe que su mente es el órgano sexual más importante en su cuerpo. "La mente es el centro de mando de todos los sentimientos sexuales. Es el congreso que gobierna su estado sexual. Es el almacén para cada pensamiento sexual que haya tenido".[4] Si Satanás puede distraer su mente y predisponer sus pensamientos en contra de su esposo, él ha tenido éxito en atraparla en el egoísmo.

Así como la oscuridad es expulsada por la luz, el engaño es expuesto por la verdad. No hay poder en una mentira cuando la verdad es reconocida. Si usted quiere frustrar los ataques de Satanás en su matrimonio, debe comenzar a contraatacar en el campo de batalla de su mente. Tiene que tomar prisionero todo pensamiento y determinar si es verdadero o falso. Pídale al Espíritu Santo que le muestre la verdad sobre usted, su esposo y sobre el sexo. Evaluarnos a nosotros mismos a la luz de la verdad es la única salida del sombrío laberinto del engaño y la entrada al camino recto de la intimidad. Lo más importante que debe tener en cuenta es que el engaño no es la única arma de Satanás, especialmente cuando usted comienza a atraparlo en sus mentiras. Él tiene todo un arsenal de donde escoger, y le atacará en toda dirección una vez decida enfrentarse a él.

Uno de los impedimentos más comunes para una vida sexual vibrante en los hogares estadounidenses es la fatiga. En esta sociedad en constante movimiento, es bastante difícil dormir lo suficiente. ¿Quién tiene tiempo para el sexo? Una encuesta reciente reveló que el 75 por ciento de las personas sufren de problemas de sueño como: insomnio, agitación, ronquidos y fatiga. Mientras que los expertos recomiendan de entre siete a nueve horas de sueño por noche para un estilo de vida saludable, el estadounidense promedio consigue solo 6.9.[5]

Años atrás, yo estaba en una de esas "supertemporadas" de la vida. Tal vez usted pueda identificarse conmigo. La "s" estaba escrita en mi desgastado traje de superhéroe mientras yo buscaba ser supermamá, superesposa, superempleada, superamiga y superesposa del pastor, todo al mismo tiempo. Mi día típico comenzaba a las 5:30, y me mantenía ocupada hasta cerca de la medianoche, cuando me desplomaba en la cama, exhausta y completamente agotada.

Una noche de invierno, Robert se me acercó con romance en sus ojos. "Vamos a dormir frente a la chimenea encendida esta noche". Cuando dudé, dijo: "Vamos, hagamos algo espontáneo". Sin pensarlo, suspiré y respondí: "Mejor hagamos algo espontáneo el próximo viernes en la noche".

Hemos reído acerca de esto durante años, pero aprendí una poderosa lección esa noche. Cuando me permito vivir en un estado de agotamiento, me pierdo oportunidades de oro para la intimidad. Si Satanás me puede tener tan ocupada encargándome de todos los demás, no voy a tener la suficiente energía para encargarme de Robert. Desearía poder decir que destruí mi traje de superhéroe esa noche, pero, desafortunadamente, no lo hice. Incluso al día de hoy, tengo que reevaluar mis prioridades regularmente para asegurarme de que el tiempo para Robert se mantiene en primer lugar.

El último obstáculo que quiero mencionar es el más difícil de poner sobre la mesa. Algunas veces las mujeres tienen dificultades entregándose físicamente a su esposo debido a la vergüenza. Para muchas de nosotras, el pasado es una dolorosa colección de imágenes de pecado o abuso. El sexo solo abre la puerta a los recuerdos que queremos olvidar, recuerdos de culpa y dolor. ¿Cómo podemos disfrutar del sexo cuando cada movimiento, cada acto, cada sensación está manchada con vergüenza?

Estimada amiga, Dios quiere que usted sea libre de esa vergüenza. Jesús murió en la cruz y cargó con toda nuestra vergüenza para que no tuviéramos que vivir bajo el peso del pasado. Independientemente de si usted tuvo o no la culpa de lo que pasó, Dios quiere que usted experimente sanidad completa. Tal vez usted necesite perdón de Dios. Está disponible, gratuitamente, para usted. Tal vez usted necesite perdonarse a sí misma. Tal vez usted necesite perdonar a alguien más. Si usted fue abusada, mi corazón está con usted. Corra a los brazos de Dios y encuentre consuelo y paz. Donde sea que se encuentre la falla, elija perdonar y libérese de las mortales garras de la vergüenza.

Tengo una amiga cuyo padrastro abusó sexualmente de ella durante muchos años. Afortunadamente, ella desarrolló un profundo amor por el Señor antes de estar casada. Cuando entró en esa unión con su esposo, ella fue ante Dios y le pidió que le enseñara cuál era Su deseo respecto al sexo. Ella ya había experimentado el lado sucio y abusivo, pero sabía que Su corazón tenía planeado algo mejor. Específicamente, le pidió a Dios que sanara su corazón de las heridas de su pasado y luego le enseñara a cómo ser una amante.

Con el tiempo, mi amiga recibió sanidad al perdonar tanto a su padrastro como a su madre. Y a través de los años, adquirió otro testimonio increíble: "No había muchas buenas fuentes cristianas que me enseñaran a cómo ser una amante, pero el Espíritu Santo me enseñó". Incluso aunque su esposo no estaba en el Señor, ellos establecieron límites divinos y exploraron dentro de esos límites. Años después, cuando su esposo llegó a conocer al Señor, nada cambió en su vida amorosa porque él era feliz con la vida sexual bendecida que Dios ya les había dado.

Dios está usando la vida de mi amiga como testimonio para otras mujeres cristianas. Hace unos años, en un retiro de mujeres, una mujer estaba comentando sobre su aversión hacia el sexo. Mi amiga le respondió: "¿Qué es lo que no te gusta?". Esto abrió una discusión muy honesta entre todo el grupo y preparó el escenario para que mi amiga compartiera su historia. Dios le había concedido un saludable respeto por la belleza del sexo, a pesar de su introducción al lado destructivo cuando era niña.

Dios quiere que usted se mueva más allá del abuso y la vergüenza que le han acosado durante años. Él quiere sanar los rincones más profundos de su corazón para que pueda disfrutar de Su regalo del sexo dentro del matrimonio. Yo no soy una experta curando heridas, pero Dios sí lo es. ¡Corra hacia Él!

Amigos, el sexo jamás alcanzará su pleno potencial en su matrimonio mientras haya motivos egoístas. En 1 Corintios 7:3–5 leemos:

> *Que el marido cumpla su deber para con su mujer, e igualmente la mujer lo cumpla con el marido. La mujer no tiene autoridad sobre su propio cuerpo, sino el marido. Y asimismo el marido no tiene autoridad sobre su propio cuerpo, sino la mujer. No os privéis el uno del otro, excepto de común acuerdo y por cierto tiempo, para dedicaros a la oración; volved después a juntaros a fin de que Satanás no os tiente por causa de vuestra falta de dominio propio.*

Pablo nos exhorta aquí a morir a nuestra propia carne y volver a la vida con el propósito de satisfacer los deseos de nuestro cónyuge. El sexo puede ser el paraíso terrenal para usted y su esposo cuando ambos se entreguen en la forma que Dios manda.

Hacer un cambio hoy

Si usted ya tiene una vida sexual vibrante, protéjala y apréciela. Nútrala para que Satanás no robe la intimidad con la que usted ya es bendecida. Si su relación se parece más a la de Sharon y Manuel, haga un compromiso para empezar a mejorar hoy.

La mejor forma de comenzar a desarrollar una vida sexual saludable es orar. Si orar sobre el sexo suena extraño, recuerde que Dios creó el sexo. Ante Sus ojos, es un hermoso regalo que tiene el propósito de que usted lo disfrute con su esposo. Si asumimos que Dios estará disgustado con que nosotros recurramos a Él para preguntarle sobre el sexo, es probable que vayamos a algún otro lugar para obtener información y apoyo. Ya hemos descubierto que el mundo y Satanás están esperando alimentarnos con mentiras. Confíe en que el Espíritu Santo le enseñará sobre el sexo.

Una gran herramienta que Dios nos ha dado para aprender sobre el sexo es el Cantar de los Cantares. Léalo, ya sea a solas o con su cónyuge. Mientras lea, pídale al Espíritu Santo que le dé Su sentir para el sexo. Con el tiempo, notará la diferencia en su acercamiento y disfrute de la intimidad sexual.

Finalmente, recuerde que no todos los problemas matrimoniales tienen su origen en el dormitorio. Otras cuestiones, como problemas financieros, niños enfermos o problemas de trabajo podrían estar pesando en gran medida sobre su relación. Trate con estos problemas abiertamente. Hable sobre ellos para que el estrés no recaiga dentro del dormitorio.

Sharon y Manuel nunca se reconciliaron. Para cuando ella buscó ayuda, él ya estaba emocionalmente y sexualmente afianzado en otra relación. Si bien el adulterio nunca es justificable, me pregunto: si ella se hubiera acercado a él antes, ¿habría sido diferente el resultado? En mi corazón creo que si hubiera habido una relación sexual vibrante, la puerta de oportunidad para que la otra mujer se atravesara nunca habría sido abierta.

El sexo fue creación de Dios, no del hombre. Fue creado para el placer por un Padre amoroso que desea que Sus hijos experimenten la verdadera intimidad. En la belleza del matrimonio, debemos permitirnos vivir la más rica de las bendiciones de Dios. Disfrute el regalo de Dios para usted. Experimente un pedazo del Edén al entregarse completamente en busca del amor en su expresión más apasionada.

Capítulo 8

IRRUMPIR EN EL CLUB DE MACHOS ANTIMUJERES

La película de 1994, *La Pandilla: los pequeños traviesos*, nos reintrodujo a los personajes de la serie clásica: Spanky, Buckwheat, Alfalfa y Darla. La Pandilla era un grupo de chicos que se juntaron para formar el Club de machos antimujeres. Su juramento para unirse era odiar a las niñas. Alfalfa constantemente tenía problemas con la lealtad, porque mientras que él quería ser parte de la pandilla, su corazón pertenecía a una pequeña morena, encantadora, Darla.

Stymie, un joven miembro que seguía las reglas del Club de machos antimujeres, recitaba el compromiso del Club con convicción: "Yo, Stymie, juro solemnemente ser un macho y odiar a las mujeres, y no jugar con ellas, hablar con ellas a menos que sea necesario y sobre todo, nunca enamorarme; y si lo hiciera que muera lenta y dolorosamente y sufra durante horas o hasta que grite como un loco".

Tal vez su esposo se unió al Club de machos antimujeres cuando era niño y nunca ha renunciado totalmente a su membresía. Obviamente, él rompió el juramento de nunca enamorarse, pero él todavía se aferra a algunas de las viejas costumbres, acordonando partes de su corazón y su vida con una cinta de color amarillo brillante que dice: "¡Aléjese! Propiedad del Club de machos antimujeres".

Como mujeres, estamos diseñadas para conectarnos y comunicarnos a niveles íntimos y emocionales. Nuestros esposos, por otro lado, no están diseñados como nosotras. Al principio de este libro, en su mensaje para los hombres, Robert explicó que una de las razones por las que la mujer fue dada al hombre por Dios, fue para ayudarlo a conectarse emocionalmente. Las mujeres portamos la imagen emocional de Dios. Somos apasionadas, empáticas, intuitivas y sensibles, tal como es Dios. Los hombres no pueden conocer ni entender a Dios plenamente a menos que aprendan a conectarse en un nivel emocional.

Señoras, tienen que profundizar en su esposo, y él necesita que le enseñe a profundizar en usted. Su deseo de irrumpir en su pequeño club no es un deseo impío. Dios quiere que usted se conecte con su esposo por dos razones: para aumentar la intimidad en su matrimonio y para ayudarle a conectarse más profundamente con su Padre celestial. Su deseo de abrir el corazón de su esposo viene de Dios, pero sus métodos para hacerlo podrían no ser del agrado de Él.

¿Cómo debemos hacer para entrar en esos corazones? Los hombres pueden ser muy protectores de sus áreas restringidas. Sus recuerdos y sentimientos están alojados en una casa club de categorías, divididas y compartimentadas con diferentes niveles de acceso que requieren que los visitantes se ganen la autorización de seguridad antes de permitirles la entrada. Incluso si su esposo pretende ser una roca emocional, la realidad es que sus sentimientos son muy sensibles, y él recurre a medidas extremas para proteger su corazón.

Cuando ustedes eran novios, su esposo le concedió acceso limitado a su casa club. A medida que determinaba lo que usted necesitaba saber, desbloqueaba diferentes cuartos y le dejaba entrar. Tal vez, la llevó primero a su sala de trofeos, intentando impresionarla con sus logros. Algunos hombres apresuran a las mujeres a través de la casa, directamente al dormitorio e intentan mantenerla encerrada allí. Lo más probable es que haya pasado mucho tiempo con usted en la sala de juegos…ese tiende a ser uno de sus lugares favoritos para pasar el rato. Cuando conoció a su padre por primera vez, quizás abrió la oficina para probar su estabilidad financiera. Para su pastor, tal vez abrió el estudio y los sorprendió a ambos con su conocimiento.

Con cada puerta abierta, usted llegó a conocer a su esposo un poco mejor. Debido a que es una mujer, probablemente se enamoró de él cuando la dejó entrever esas oscuras habitaciones que albergaban sus recuerdos más profundos y sus sueños más preciados. Al permitirle entrar a su corazón, le comunicó que quería ser íntimo con usted. Las mujeres, rara vez, pueden alejarse de tal vulnerabilidad.

Sin embargo, ahora ustedes están casados…y él guardó silencio. Es casi como si él hubiera abierto esos lugares en su corazón solo para ganársela y ahora que la tiene, él ha cerrado la puerta negándole cualquier acceso. Querida hermana, para lograr la intimidad que el Padre quiere que usted tenga en el matrimonio, tiene que entrar a esas habitaciones. Intentar derribar la puerta o colarse a través de una ventana solo resultará en medidas más estrictas de seguridad. En vez de eso, debe de aprender a seguir los procedimientos que le garanticen el acceso que necesita.

Ganar la entrada a su corazón

Yo quiero conocer a Robert Morris por dentro y por fuera. Quiero un nivel de intimidad que vaya más allá del sexo, más allá del vínculo común de la familia y la crianza de los hijos. Quiero saber lo que piensa, por qué lo piensa y cómo se siente. La verdadera intimidad requiere vulnerabilidad y transparencia; los corazones bien guardados están protegidos por paredes que restringen la cercanía. Los hombres, independientemente de su duro exterior, son tan frágiles emocionalmente como las mujeres lo son físicamente. Solo si usted intenta entenderlo y tratar su lado emocional con cuidado se le permitirá entrar a su lugar secreto. Después de casi 26 años de matrimonio, he encontrado una gran dicha en conocer a Robert a través de completa transparencia y frágil vulnerabilidad. He visto dentro de su corazón, donde almacena sus esperanzas y sueños, temores y fracasos, oraciones y recuerdos. Robert y yo hemos compartido las partes más profundas de nuestras almas el uno con el otro. Él no tiene secretos para mí, y yo no tengo ninguno para él.

Esta apertura no surgió de la noche a la mañana; fue cultivada con el tiempo. Tuve que aprender cómo acercarme a las zonas en cuarentena de su pasado, y al hacerlo, aprendí algunas lecciones valiosas que me gustaría transmitirle a usted.

Entrar silenciosamente

En primer lugar, si usted espera que su esposo le dé acceso sin restricciones a su corazón, usted debe estar dispuesta a entrar con elegancia. Si su amiga la invita a su casa, ¿entraría y comenzaría a reorganizar, redecorar o a insultar sus pertenencias? No, usted respetaría su espacio y decisiones. Entonces, ¿por qué tendemos a entrar a la vida y el pasado de nuestro esposo con aire de desaprobación?

Cuando su esposo la invite a su sala de trofeos y vea una imagen de su primera novia, colgada en la pared, no reaccione con inseguridad personal señalando que ella era gorda o fea. Aunque él podría estar de acuerdo con usted o actuar como si no lo lastimara, probablemente él ya no le contará más sobre antiguas novias. Cuando usted responde a su vulnerabilidad con juicio o crueldad, él retrocede y la empuja hacia la puerta. Usted no puede entrar en su corazón con el objetivo de instalar su trono y tomar el control. Su pasado y sentimientos ya están ahí, y tiene que estar dispuesta a aceptarlos a pesar de todo.

Por el contrario, cada vez que usted recibe el pasado de su esposo con los brazos abiertos, se gana su confianza. Cuando él sabe que puede confiar en usted con pequeñas partes de su corazón, él comenzará a confiarle más. Usted juró amar a su esposo cuando se casó con él, y aceptar su pasado, a pesar de todo, le recuerda que su amor por él es incondicional y duradero.

Redecorar no está permitido

La segunda regla para entrar es: reorganizar y redecorar no está permitido. Usted podría ser capaz de aceptar el pasado de su esposo, pero posiblemente le resulte más difícil aceptar lo que él es hoy día sin tratar de cambiarlo. Solo Dios puede cambiar corazones y mentes…usted no puede. Cuando descubre algo, en el corazón de su esposo, que es menos que virtuoso, déselo al Señor. Su objetivo al profundizar es llegar a ser uno con el esposo que tiene, no tratar de crear un nuevo esposo por completo.

Cuando escucho de parejas que se divorcian después de más de veintitantos años de matrimonio, me pregunto cuándo perdieron la intimidad. Se dejaron fuera el uno al otro, ocultando sueños y esperanzas secretas; y, con el tiempo, se sintieron como si estuvieran durmiendo con un extraño. Si no permanecemos conectados a nivel del alma, nos alejaremos lentamente hasta que parezca que no compartimos nada, excepto una hipoteca. Entre al corazón de su esposo adorando la intimidad que usted encuentra ahí; no lo fuerce a cambiar.

Sin exigencias

Tercero, no exija entrar. Dime que no puedo, y voy a esforzarme para demostrarte que te equivocas. Muchas veces, cuando nosotras, como mujeres, nos encontramos con la cinta restrictiva amarilla, planeamos y conspiramos para encontrar otra manera de entrar. Tratamos de manipular con la culpa diciendo: "Soy tu esposa. No puedo creer que no me vayas a contar eso". Las lágrimas nunca ayudan a nuestra causa tampoco. Aunque la manipulación nos da temporalmente lo que queremos, siempre se transforma y se convierte en nuestro mayor enemigo. Su esposo comenzará a reconocer sus juegos manipuladores y se ofenderá con usted por ellos. Él la rechazará, y sin importar lo mucho que se había abierto la puerta para usted, está será cerrada en su cara. Su corazón se endurecerá hacia usted, y la intimidad se le irá de las manos. Así que, en lugar de forzar su entrada, espere a que él abra la puerta. Él lo hará en su momento; solo sea paciente.

Si se acerca a su esposo con aceptación, aprecio y paciencia, su incursión en su corazón será exitosa, recompensada con una cercanía recién descubierta. Pero, ¿cómo, realmente, consigue entrar en su corazón? Algunas de esas puertas están bloqueadas y con candado, y las bisagras hasta están oxidadas porque ¡ha pasado tanto tiempo desde la última vez que se abrió la puerta! Permítanme compartir algunos pasos prácticos que puede tomar para obtener acceso.

Sobre todo, usted tiene que acercarse a la puerta con humildad. Colarse en ella no funcionará. Golpear y gritar no lograrán el objetivo. Es muy probable que un acercamiento áspero le recordará a su profesor de inglés, de sexto grado, que siempre estaba encima de él; o a su madre, quien constantemente lo fastidiaba. Años de molestias le han enseñado a ignorar este tipo de tácticas fastidiosas. Usted debe de ser diferente; debe tocar suavemente. Podría sorprenderse de lo lejos que un simple toque la puede llevar.

Una vez usted toca la puerta, entienda que él decide si quiere o no contestar. Esto le recuerda la regla de no forzar la entrada. Un truco para aumentar sus posibilidades de entrar es considerar el momento oportuno de su toque. Usted puede tocar la puerta, humildemente, tan pronto como él entra, después de un congestionado trayecto de regreso del trabajo y un largo día agotador... y puede garantizarse que se le negará el acceso. Usted puede tocar suavemente cuando él está en medio del pago de facturas... y, una vez más, encontrará rechazo. Los hombres son más propensos a comunicarse en un ambiente relajado. Cuando quiera que él sea vulnerable con usted, prepare una atmósfera cómoda y permítale relajarse antes de que usted comience a llamar a la puerta.

Ahora, ¿qué es lo que quiero decir cuando le digo que "toque"? Tocar la puerta es tan simple como hacer una pregunta. Dios ha utilizado este método de tocar la puerta del corazón del hombre desde el principio de los tiempos. Cuando Adán y Eva pecaron por primera vez, se acercó a ellos y les preguntó, "¿Dónde están?" (Génesis 3:9). Dios probó en el corazón de fe de Abraham al preguntar: "¿Hay algo demasiado difícil para el Señor?" (Génesis 18:14). Llevando a Saulo hacia el arrepentimiento en el camino a Damasco, Jesús le preguntó: "Saulo, Saulo, ¿por qué me persigues?" (Hechos 9:4).

Las preguntas resultan ser la llave que abre el corazón. Estas sondean nuestro subconsciente, obligándonos a confrontar nuestras percepciones y pasados. Cuando se preguntan con humildad, en el momento oportuno, descubren el corazón de su esposo con honestidad y sinceridad. Las respuestas que él da a sus preguntas, la llevan al recorrido por su corazón que usted ha anhelado. La forma amorosa en que usted reciba su revelación, es la aceptación que él temía que jamás encontraría. Usted toca. Él le deja entrar. Usted pregunta. Él responde. La intimidad se profundiza.

Cuando mi amiga, Kimberly, estaba preocupada por una decisión de negocios que su esposo estaba tomando, ella se sintió frustrada porque él se hizo de oídos sordos a sus preocupaciones. Le sugerí que le planteara preguntas a su esposo en lugar de expresar temores. Ella comenzó a preguntar cosas como, "¿Qué vas a hacer si esto sucede?" y "¿Cómo te sentirías si esto no sucede como lo esperas?". Su nuevo enfoque le dio la oportunidad de escuchar el punto de vista de su esposo y comprenderlo mejor. Él, a cambio, estaba más abierto para explorar la perspectiva de ella. La tensión comenzó a disminuir porque ellos estaban comunicando sus propósitos, temores y esperanzas.

Señoras, es mucho más probable que su esposo cambie de manera de pensar en respuesta a una pregunta que le haga replantearse su posición, que si usted lo critica con su opinión. Los hombres, excepto Cristo, están creados con un ego que les dificulta admitir siquiera la posibilidad de que puedan estar equivocados.

En el capítulo seis, hablamos de la sumisión. Uno de los riesgos más aterradores de la sumisión es que usted le da a su esposo carta blanca para tomar malas decisiones por su familia. Como compañía divina para su esposo, usted necesita saber cómo comunicar y expresar su preocupación de forma que no contradiga su sumisión.

Piense nuevamente en la historia de Ester. Ella tuvo que confrontar a su esposo, el rey, acerca de uno de sus líderes de confianza que estaba planeando la aniquilación de su pueblo, los judíos. La forma en que ella hiciera su apelación podría significar la liberación de su pueblo o de la destrucción de todo hombre, mujer y niño.

La primera cosa que Ester hizo fue prepararse. Ella ayunó y reclutó a otros para ayunar y orar con ella (Ester 4:16). Seguramente, durante este tiempo de oración, ella le preguntó a Dios qué es lo que debía decir y cómo debería decirlo. Una vez supo que tenía la cobertura y el favor de Dios, ella se presentó delante del rey para poder hablar con él. Vestida con sus ropas reales, fue al atrio interior para ser vista por él. Aunque no estuvo mal que se haya vestido de manera atractiva, fue mucho más importante que ella se haya vestido de humildad a través de la oración y el ayuno. Recuerde, acercarse a su esposo con humildad podría ser la diferencia entre que él la escuche o la ignore.

Ester esperó el momento oportuno para presentar su petición ante el rey. Ella tuvo varias oportunidades, algunas donde ¡él hasta le ofreció la mitad del reino! La Escritura no nos dice por qué Ester dejó pasar estas oportunidades, pero es obvio que Dios estaba preparando el momento oportuno (Ester 5). Cuando Dios le indicó el momento oportuno, ella hizo su petición al rey dócil y confiadamente (Ester 7:3–4). Ella tenía completa fe en Dios para cuidar del resultado porque había sido obediente. Dios honró su fe y valentía dándole favor ante los ojos de su esposo. Toda la nación judía se salvó, y en su lugar, el asesor corrupto del rey fue ejecutado.

Someterse al liderazgo de su esposo no significa rendir su voz en la vida de él. Cuando usted haga una apelación a su juicio y decisiones, aplique las mismas reglas que le di anteriormente en tocar el corazón de su esposo: Comprométase, por adelantado, aceptar su respuesta, sin importar cuál sea; confíe en Dios para cambiar su corazón y niéguese a forzar su perspectiva sobre él; acérquese a él, con humildad, en el momento oportuno.

La intimidad que él ansía

Sé que el deseo de su corazón es estar cerca de su esposo. Las dos sabemos que este también es el deseo de Dios para su matrimonio. Usted se siente cerca de él cuando se abre a usted, compartiendo las partes más profundas de su alma. La intimidad se fomenta durante estos momentos, pero también hay otras formas de cultivar la intimidad.

Su esposo nunca confiará en usted lo suficiente para abrirse si no se siente cómodo con usted. Una de sus mayores necesidades es la compañía. Sí, él necesita respeto y sexo, pero también necesita a alguien con quien pasar su vida. Adán estaba solo porque él no tenía a nadie como él para compartir su vida. Dios, en Su omnisciente generosidad, le dio a Adán una esposa.

Los hombres y las mujeres son muy diferentes. Conforme las mujeres envejecemos, generalmente, perdemos el gusto por los juegos infantiles y los deportes. La diversión para nosotras es ir de compras y cenas de sociales. Los hombres, por otro lado, nunca dejan atrás la buena diversión a la antigua. ¡Les encanta jugar! Sabe que tengo razón. Su necesidad de compañía está estrechamente ligada a su amor por el tiempo de juego. Su esposo quiere compartir momentos de diversión con usted.

Antes de casarse, Shelly siempre había sido buena intentando todas las actividades recreativas de Bill. Como recién casados, se iban juntos de cacería, a pescar y a acampar siempre. Después de un par de años de matrimonio y con la llegada de su primer hijo, Shelly perdió interés en ir a estos "apestosos" viajes. Con su bendición, Bill se iba con amigos, dejándola para que ella fuera al cine o de compras con sus amigas. En ese momento, ninguno pensó que estas vidas recreativas separadas eran peligrosas para su relación.

Años más tarde, después de que sus hijos habían crecido y salido de la casa, Shelly y Bill tuvieron que enfrentar una dura realidad: Ellos estaban confundidos en la presencia del otro. Si bien ellos compartían una casa, una familia y hasta un pasado, no sabían qué hacer con los momentos que fueron obligados a compartir, cada día, en un nido vacío. Debido a que no habían alimentado su relación durante todos esos años, no tenían ningún compañerismo que disfrutar durante su retiro.

Esta historia es común. Mientras son novios, los jóvenes están dispuestos a hacer cualquier cosa para pasar tiempo el uno con el otro. Un joven caminará por todo el centro comercial cargando cajas solo para estar con su novia. Una joven va a dormir en el suelo, a millas de la civilización, y a poner gusanos en un anzuelo solo para pasar tiempo con su novio. Sin embargo, después de la boda, esas actividades pierden su atractivo. Lo que las parejas no notan es que, tal como un nuevo amor es alimentado al pasar tiempo juntos en alguna forma recreativa, el viejo amor ¡madura con el tiempo que compartieron juntos! Las preocupaciones del trabajo y la familia pueden hacer que el lado divertido de sus emociones parezca poco importante, pero edificar un compañerismo a través de actividades que disfruten mutuamente es imperativo.

Yo he, al menos, intentado todos los pasatiempos favoritos de Robert. Hay algunos, en los que Robert y yo estamos de acuerdo, que no soy apta. Una excursión de buceo que terminó en una experiencia cercana a la muerte, nos mostró que el buceo puede ser una actividad que no podemos disfrutar juntos. Un incidente embarazoso, que involucró a nuestro carro de golf y sus neumáticos, a través del campo nos enseñó que el golf puede no ser el mejor deporte en equipo para nuestro matrimonio. Pero cuando Robert consigue entradas para un partido de hockey, la primera persona que llama para ir con él, es a mí. Todavía voy a acampar y de pesca con él y he aprendido a realmente disfrutar de esas excursiones. A Robert le encanta divertirse conmigo, y a mí me encanta ser la persona con la que se divierte. Somos mejores amigos, y yo sé que ser su mejor amiga hace que sea más fácil para él abrirse cuando hay algo en su corazón y en su mente.

Dadora de vida

¿Sabe lo que significa el nombre de "Eva"? Significa "viviente; vivificadora"[1] o "fuente de vida".[2] Adán recibió a Eva como un regalo, y la influencia de ella en su mundo hizo que la llamara "aquella que ha hecho que mi mundo cobre vida". Querida amiga, usted puede hacer lo mismo por su esposo. Como la mujer que Dios le ha dado a su esposo, usted está preparada para abrir el mundo de las emociones a él. Su entusiasmo y talentos únicos pueden aclarar y mejorar el mundo de él. Es más, al igual que Eva concibió y dio a luz al primer bebé, usted también tiene la capacidad de concebir y dar a luz a los sueños de su esposo.

Hace dieciséis años, tuve a nuestro último hijo. Sin embargo, mi trabajo como fuente de vida no había terminado. Desde entonces, Robert y yo hemos dado a luz sueños y los hemos visto fructificar. En el año 2000, Robert tuvo el sueño de comenzar una iglesia. Nosotros nunca habíamos comenzado una iglesia antes, por lo que no estábamos seguros de todo lo que se requeriría. Una avalancha de preguntas nos preocupaba, y escenarios de fracaso acosaban nuestra fe. Personalmente, me preguntaba qué pasaría si no funcionaba. ¿Seríamos capaces de enviar a nuestros hijos varones, en edad de secundaria, a la universidad? ¿Cómo mantendríamos nuestras amistades si nos mudábamos?

Tuve docenas de oportunidades para desalentar el sueño de Robert. En muchos sentidos, parecía poco práctico y arriesgado. Sin embargo, sabía que Dios nos estaba llamando a creerle. Para mí, la fe significaba, hacer oídos sordos a las dudas y preguntas para que yo pudiera estar confiadamente junto a mi esposo. A la fe le encantan los amigos que se unen para creer. Como una compañera llena de fe, usted puede estimular la fe de su esposo hacia niveles nuevos. Como una compañera con dudas, usted hará añicos su fe. Debemos ser esposas que dan vida a los sueños de nuestro esposo si queremos verlos a alcanzar su máximo potencial.

Crear un refugio alentador para los sueños de su esposo lo motiva a confiar en usted. Es mucho más probable que abra su corazón si sabe que va a encontrar a una amiga que le dará a sus sueños alas para volar.

La vida viene del espíritu

Dios le ordenó a usted que fuera la dadora de vida en su matrimonio. La parte que usted desempeña es vital si ustedes esperan, que alguna vez, en su familia se llegue a experimentar el máximo potencial de la bendición de Dios. Pero no puede ser una dadora de vida día tras días si no recibe vida al mismo tiempo. Juan nos dice que, "El Espíritu es el que da vida; la carne para nada aprovecha" (Juan 6:63). Usted no puede ser una esposa piadosa con sus propias fuerzas, porque su carne no genera nada. Sin embargo, si usted entra en una alianza con Dios, Él continuamente le dará vida a través de Su Espíritu para que pueda pasarla a su esposo e hijos.

Jesús prometió: "Si permanecéis en mí, y mis palabras permanecen en vosotros, pedid lo que queráis y os será hecho. En esto es glorificado mi Padre, en que deis mucho fruto, y así probéis que sois mis discípulos" (Juan 15:7–8). Permanecer en Cristo es la clave para dar fruto, para dar vida. Para permanecer en Él, usted debe pasar tiempo con Dios. Darle prioridad a su relación con el Señor es la única forma en que usted puede estar seguro de mantenerse en contacto con el máximo dador de vida. Tómese un tiempo todos los días para pedir a Dios que lo llene con Su vida. Permita que Su

Espíritu imprima en su corazón Escrituras para leer, pensamientos en los cuales meditar e instrucciones para obedecer. Permita que Dios avive su mundo a medida que haga de su relación con Él la primera prioridad en su vida. Confíe en Él para cuidar de usted y utilizarla para Sus propósitos. Cuando usted camina de cerca con Dios, su relación con su esposo se hace más fácil. Llena con el Espíritu de Dios, usted será capaz de honrar a su esposo con sus palabras y acciones. La sumisión se volverá más natural a medida que usted vaya asemejándose a la imagen de Cristo. La vida fluirá a través de usted hacia las esperanzas y sueños de su esposo. A medida que se acerque al corazón de Dios, su esposo aprenderá de usted cómo conectarse con el Padre más íntimamente. Su firme compromiso y servicio hacia él satisfarán las necesidades en su vida de manera que no será tentado a buscar satisfacción fuera de su relación.

Mis queridas amigas, un matrimonio bendecido las espera. Dios no lo reprime de nosotras; Él extiende Su bendición con las manos abiertas, esperando que nosotras la recibamos como un regalo. Su destino está en negar sus deseos carnales para que pueda ser la compañía que su esposo necesita. Cuando usted satisface sus necesidades, usted está cumpliendo con su llamado en la vida.

Usted tiene vida para su esposo. No se la niegue; derrámela desbordante, abundante y transformadoramente.

El paraíso terrenal:
La vida diaria bendecida
por el matrimonio

Capítulo 9

PERDONAR DURANTE LOS TIEMPOS DIFÍCILES

"**S**obre tu cadáver", pensó Terri. Una vez más, su esposo, Frank, había ido demasiado lejos. Él la había lastimado y quería perdón. Bueno, con esta transgresión añadida a la larga lista que había estado acumulando durante años, ¿cómo podía esperar que ella lo perdonara?

Para el mundo exterior, el matrimonio de Frank y Terri parecía saludable y exitoso. Habían estado juntos por más de diez años y estaban muy involucrados en su iglesia. Ellos diezmaban fielmente y procuraban formar a sus tres hijos con la verdad bíblica. Pero mientras ellos parecían sólidos para el mundo exterior, su vida familiar se tambaleaba al borde de la devastación. Además de la creciente tensión entre el esposo y la esposa, dos de sus hijos enfrentaban grandes problemas médicos. Uno sufría de una rara enfermedad y necesitaba de una cirugía que lo dejaría enyesado de todo el cuerpo durante semanas. El otro luchaba contra el asma que se hacía cada vez más difícil de controlar.

Un día, aparentemente de la nada, Frank abordó a Terri con la noticia de que tenía la intención de divorciarse de ella. Totalmente sorprendida, pensó, *"yo debería ser la que te deje; yo soy la inocente en este matrimonio"*.

La historia de Terri y de Frank es muy común. El sello distintivo de una relación es el conflicto. Esto es especialmente cierto para la pareja casada. Viviendo juntos, compartiendo todo, desde el espacio en el armario hasta los niños, ustedes no pueden evitar estorbarse y herir sus susceptibilidades mutuamente. Él deja sus calcetines sucios en el suelo, y ella olvida escribir la cantidad del cheque en el libro de cuentas. Él se queja de la cena, mientras domina el control remoto, y ella pinta sus uñas mientras habla por teléfono durante la final de la temporada deportiva. Mientras las parejas casadas vivan juntas, nos irritaremos el uno al otro. La pregunta es: ¿cuánto van a permitir que las tensiones afecten su matrimonio?

Ruth Graham Bell estuvo casada con el evangelista de renombre internacional Billy Graham por más de 60 años. Ella y Billy tenían una tremenda reputación de ser muy devotos. Cuando se les preguntó acerca de su largo matrimonio exitoso, Ruth dijo: "el matrimonio es la unión de dos buenos perdonadores".

A menos que usted esté viviendo en total negación, su cónyuge hizo algo el día hoy que le molestó completamente (sea honesta). Y lo que es peor, más allá de las frustraciones comunes de olvidarse de sacar la basura o tirar su vieja camiseta favorita, él o ella ha dicho o hecho cosas que le han herido profundamente. Usted ha sido transgredido, maltratado, olvidado y despreciado. Una y otra vez, su amor es puesto a prueba cuando su cónyuge no alcanza los altos estándares del amor. Por eso es absolutamente necesario el perdón si quiere que su matrimonio dure.

Sin el conflicto, el matrimonio sería sencillo y su amor nunca sería puesto a prueba. ¿Cómo podría su esposo o esposa alguna vez experimentar el amor incondicional de Cristo a través de usted si nunca necesitaron la gracia o el perdón? ¿Alguien, realmente, merece ser perdonado alguna vez? ¿Usted lo merece? Así como Jesús se sacrificó para que pudiéramos ser restaurados y tener una relación correcta con Dios, usted debe aprender a sacrificarse y perdonar para que su matrimonio pueda desarrollarse en la reconciliación.

Exponer el arsenal del enemigo

Sobre todo, Satanás es un mentiroso (Juan 8:44). Él es el gran embustero, empeñado en atraparnos en la oscura nube que crea el engaño. Pablo nos dice que Satanás es también el "príncipe del poder del aire" (Efesios 2:2). En Apocalipsis 12:10, Satanás es llamado el "acusador de nuestros hermanos". Al poner estas tres descripciones juntas, comenzamos a ver cómo trabaja contra nosotros para destrozar nuestros matrimonios. Tal vez usted no se dé cuenta de ello, pero Satanás manipula sus palabras y pensamientos, convirtiéndolos en insultos y acusaciones contra su cónyuge.

Esposos, un pequeño ejemplo podría ser cuando ustedes llegan a casa y le preguntan a su esposa: "¿A qué hora va a estar lista la cena?". Esas palabras tienen que viajar por el aire antes de que aterricen en el oído y se comuniquen con su esposa. ¿Quién merodea en el aire, a la espera de tejer la falsedad de la realidad? Satanás. A él le encanta tomar sus palabras y retorcerlas antes de que lleguen a los tímpanos de su esposa. Cuando su pregunta llega, ella escucha: "¿No está lista la cena todavía?" Esposas, un ejemplo para ustedes es cuando su gentil recordatorio de, "mañana pasa la basura", termina siendo escuchado: "¡Levántate, perezoso, holgazán y saca la basura!". Satanás, el mentiroso, utiliza su poder y dominio en el aire para fabricar insultos por parte su cónyuge que activarán una observación defensiva en usted, iniciando así una pelea. Satanás ha perfeccionado su manipulación a tal nivel que rara vez cuestionamos si hemos escuchado mal o malentendido a los demás.

Una vez la verdad retorcida entra en su oído, Satanás sigue acusando a su cónyuge aún más. Él le recuerda a usted todas las cosas que él o ella han hecho mal en el pasado. Él sugiere posibles significados detrás de las palabras que son hirientes o irritantes. Él incita miedo e inseguridad haciéndolo dudar de la verdad. Él es un mentiroso, un manipulador y un acusador, pero aun así, con demasiada frecuencia le permitimos reinar en nuestros matrimonios.

Después que la ofensa sucedido, Satanás no la deja descansar en su mente. En cambio, él picotea sus heridas hasta que supuran, infectando toda su perspectiva hacia su esposo o esposa. Él le convence de que no debe perdonar porque él o ella no se lo merece. De alguna forma, usted cree que su rencor le causa dolor al otro.

Elegir no perdonar es como tomar veneno y esperar que la otra persona se enferme. Mientras esperamos y buscamos cualquier indicio de remordimiento, el veneno corroe nuestras propias almas y finalmente nos mata. Al igual que Terri, bebemos el veneno cuando permitimos que pequeñas o grandes ofensas continúen sin perdonar. Con cada pecado, tenemos la oportunidad de perdonar o no, una elección de tragar vida o muerte.

¿Ha perdonado verdaderamente a su esposo o esposa por las innumerables decepciones y heridas? Una buena prueba de fuego para determinar la sinceridad de su perdón es pensar acerca de la indiscreción de su pareja durante unos minutos y ver si su temperamento se torna hacia el enojo o la indignación. Otro buen indicador de que usted no ha perdonado es si el acto consume su mente y conversación. Cuando usted realmente perdona, deja ir la ira junto con la necesidad de desahogarse.

La falta de perdón también es evidente cuando usted se niega a dejar de lado la ofensa. Si bien puede ser humanamente imposible olvidar lo que pasó, tenemos la opción de obsesionarnos acerca de ello o de usarlo como una palanca de manipulación en el futuro.

Habrá situaciones en las que el pasado debe ser discutido con el fin de lograr la reconciliación y la sanidad, pero esto debe de ser la única razón para llevar a colación temas que ya han sido perdonados. Mencionarlo por cualquier otra razón solo resultará en un montón de vergüenza y culpa para su cónyuge. La paz no puede coexistir con la desgracia y la culpa.

Jesús nos dio un gran ejemplo de la importancia del perdón en una historia que contó acerca de un rey y un sirviente. (Mateo 18:23–35). El rey había sido generoso dando préstamos a sus súbditos, pero un día decidió cobrar todas las cuentas. Estas fueron malas noticias para un sirviente en particular, que le debía mucho más de lo que podía pagar. Con el fin de conciliar la deuda, el rey ordenó que el sirviente y toda su familia fueran vendidos como esclavos hasta que el dinero se pagara. Temiendo por su familia y su futuro, el sirviente se postró sobre su rostro y suplicó por más tiempo para pagar la deuda. Movido por la compasión, el rey tuvo misericordia del sirviente, liberándolo y no obligándole a pagar ninguna parte de la deuda.

Definitivamente aliviado, el sirviente salió de la presencia del rey. Después buscó a otro siervo que le debía una cantidad mucho menor de lo que él le debía al rey. Violentamente, le exigió el dinero a su compañero sirviente. De forma similar a la súplica del primer sirviente al rey, el segundo sirviente suplicó por más tiempo para pagar la deuda. Sin misericordia, el primer sirviente hizo que encarcelaran a su compañero hasta que la deuda fuera pagada.

Se corrió la voz y llegó a oídos del rey acerca del espantoso trato del otro sujeto en deuda. Enfurecido, llamó al sirviente ante su presencia y lo corrigió:

"Te perdoné toda aquella deuda porque me suplicaste. ¿No deberías tú también haberte compadecido de tu consiervo, así como yo me compadecí de ti?".

Mateo 18:32–33

Después él entregó al siervo a los torturadores, hasta que pagara la deuda original.

Amigos, Jesús hizo el máximo sacrificio para pagar una deuda que nunca podríamos haber pagado en toda la eternidad. Nuestro perdón llegó a un precio altísimo, pero Jesús lo pagó, y hemos recibido las bendiciones de un rey gentil. Ahora, ¿cuál es nuestra respuesta hacia aquellos que actúan de forma injusta hacia nosotros? ¿Se merecen nuestro perdón? ¿Nos merecemos el perdón de Dios?

Tenemos una elección. Cada vez que nuestra pareja cometa errores, ya sean insignificantes o majestuosos, tenemos la oportunidad de extender la misma misericordia y perdón que recibimos de Cristo. Podemos extender la misma gracia que nos fue concedida, o podemos insistir en castigar negándonos a perdonar. Lo que aprendemos de la parábola es que, en nuestro intento de castigar a los demás, realmente nos sentenciamos a nosotros mismos a la tortura. La intención de Dios es que nosotros recibamos perdón y avancemos hacia la libertad que este proporciona. La falta de perdón nos priva de esa oportunidad, manteniéndonos cautivos en nuestro anterior estado de bancarrota.

Satanás, como ya hemos comentado, está listo para destruir su matrimonio. Él mentirá, manipulará y acusará para salirse con la suya. Desde que fue expulsado del paraíso, él ha trabajado para hundir al mundo junto con él. No vamos a cambiar sus deseos, pero a veces sin darnos cuenta, suministramos las armas que el enemigo necesita para atacar estratégicamente a nuestro cónyuge.

Cuando usted determina que hay ciertas ofensas que su cónyuge puede cometer y que son imperdonables, usted le da a Satanás una lista de formas para tentar y atrapar a su pareja, que tendrá como resultado un matrimonio derrotado. Tal vez usted ha sido generosa perdonando a su esposo por olvidar su cumpleaños y ser perezoso en la casa. Tal vez usted se ha esforzado para perdonar sus cambios de humor y la bocona de su esposa. Pero hombres, ¿qué sucede si ella acumuló grandes deudas en las tarjetas de crédito que lo obligarán a trabajar horas extras para pagarlas? Señoras, ¿qué pasa si usted descubre que su esposo ha frecuentado sitios pornográficos durante años? ¿Qué pasa si se entera de una aventura?

El diablo es astuto, y él la presionará hasta el límite. El mundo le dirá que todos tienen un punto de ruptura, y que no se espera que aguante demasiado. Si usted sucumbe ante esta actitud, a Satanás le será fácil empujarle sobre al abismo de la falta de perdón.

En posición para perdonar

El perdón es una virtud gratificante. Jesús nos dijo que perdonemos a los demás, así como Dios nos perdona. (Mateo 06:14). Perdonar a los demás mata la amargura que se come nuestro corazón y restaura una sana relación. Además, libera su vida del pecado para que pueda ser un conducto de mayor bendición para su familia. Pero el perdón no simplemente aparece en su corazón, como la alegría o el miedo. No es una respuesta natural al dolor. Es una elección.

¿Qué cree que sucedería si determinara de antemano que no hay nada que su esposo o esposa pudieran hacer que usted no perdonaría? Su cónyuge todavía cometería errores, tal vez incluso grandes errores, pero cuando estas situaciones surjan, su matrimonio no estaría en peligro de terminar porque ya habría decidido perdonar.

Recuerde, nuestros matrimonios son la imagen Dios. Le mostramos al mundo cómo es Él por la forma en que interactuamos el uno con el otro. El Salmo 86:5 dice (énfasis añadido):

> *Pues tú, Señor, eres bueno y perdonador,*
> *y abundante en misericordia para con todos los*
> *que te invocan.*

Nuestro Padre celestial está listo, preparado para perdonarnos sin importar lo que hagamos. ¡No hay nada que usted o yo pudiéramos hacer que haga que Él se divorcie de nosotros! Su perdón no tiene límites y es infinito. Debemos imitar Su determinación en nuestro matrimonio para que otros puedan ver cuán benévolo y misericordioso es Él.

¿Puede hacerlo? Hoy, ¿puede usted ver a su cónyuge y declarar en voz alta para que todos lo escuchen (incluyendo a Satanás), "No importa lo que hagas, elijo perdonarte"? Pronunciar estas palabras con sinceridad será un punto crucial en su matrimonio, tranquilizando a su pareja con afirmación y desarmando los planes de Satanás.

¿Es demasiado difícil de hacer en este momento? Su incapacidad para perdonar antes de tiempo es comprensible porque su dolor por los agravios del pasado es real. No podemos esperar que se disuelvan en un momento. Hace varios años, Robert y yo fuimos dañados por un individuo, y me fue muy difícil perdonar. Yo repetía sus acciones hirientes una y otra vez en mi mente y luego practicaba conversaciones donde yo lo ponía en su lugar. Yo desesperadamente quería tener la última palabra con una patada en el mentón como signo de exclamación. Pasaron los meses, y yo todavía no podía perdonar a este hombre.

Entonces, escuché un pastor predicar sobre el perdón. Él sugirió que oráramos por quien sea que estuviéramos teniendo problemas para perdonar y que lo bendijéramos. Bueno, no había ningún deseo en mi corazón para orar por esta persona, y mucho menos bendecirlo, pero yo sabía que estaba atrapada por mi falta de perdón y que necesitaba hacer algo. Así que cada vez que me sorprendía a mí misma pensando sobre la situación, convertía mis pensamientos en una oración.

Al principio, mis dientes rechinaban mientras pronunciaba palabras de bendición, pero con el tiempo me sorprendió descubrir que mis sentimientos hacia él estaban cambiando. Pronto, la amargura se había ido, y mi mente estaba libre del desgaste agotador de la falta de perdón.

Tal vez su cónyuge le ha hecho daño tantas veces que encuentra difícil decir: "he decidido perdonarte incluso si me haces daño en el futuro". Comience orando. Pídale a Dios que le otorgue bendiciones en su vida; ore por la sanidad y el cambio en su vida. Mientras lo hace, pídale a Dios que usted cambie su corazón para que sea capaz de perdonar. Si espera sobrevivir a los bruscos golpes del matrimonio, usted debe de estar en posición para perdonar. La única posición que puede ofrecerle constantemente perdón es una donde pueda verse claramente a sí mismo y a su cónyuge a la luz de la gracia y misericordia infinita de Dios.

Dios le cambia a través de la oración. Es a través de la conversación constante que usted se gana la mente de Cristo. Yo (Robert) también he batallado con el perdón. Recuerdo una vez que hablaba con Dios acerca de un amigo que realmente me había hecho daño. Dios me estaba diciendo que lo perdonara, y yo estaba luchando. "Señor, ¡él estaba equivocado!", protesté.

La respuesta del Señor hacia mí fue punzante, cortando mi corazón, "Sí, Robert, él estaba equivocado... es por eso que necesitas perdonarlo. Si él estuviera en lo correcto, ¡él no necesitaría de tu perdón!". A veces, la visión de Dios acerca de una situación puede ser irritantemente precisa. Sus palabras me dieron la mente de Cristo, enseñándome la gracia que necesitaba para perdonar la ofensa. Sea honesto con Dios acerca de sus sentimientos, y luego confíe en Él para cambiarle.

El poder del perdón

Nabel era un exitoso hombre de negocios en Israel durante el periodo de David. Los pastores de Nabel se habían encontrado a David en el desierto, y David los había tratado con amabilidad y protección. Cuando llegó la temporada de fiestas religiosas, David envió un mensaje a Nabel, bendiciéndolo y preguntando si él y sus compañeros podían unirse a la fiesta. En lugar de devolver la bondad de David, Nabel lo despreció y se negó a ser hospitalario. Al recibir el mensaje de Nabel, David reunió a un pequeño ejército y se dispuso a atacar su hogar.

Abigail, la hermosa y sabia esposa de Nabel, se enteró de lo que había sucedido entre su esposo y David. Rápidamente, ella reunió un generoso regalo y se dispuso a hacer la paz con David antes de que su familia fuera asesinada. Ella se dirigió a David con humildad y suplicó clemencia. Él fue conmovido por su petición y se retractó de su asalto (1 Samuel 25:1–35).

Como esposa de Nabel, Abigail tuvo gran influencia en su arbitraje con David. De la misma forma, cuando nosotros elegimos perdonar a nuestro cónyuge y orar a su favor, la misericordia y la bendición son derramadas debido a nuestras peticiones. Sabiendo esto, no solo debemos decidir perdonar, también tenemos que decidir interceder con valentía. Podemos y debemos orar para que los pecados que cometemos como padres no se transmitan a nuestros hijos. Podemos y debemos orar por sabiduría con nuestras finanzas, para que nuestra mala administración del pasado pueda guiarnos a principios bíblicos sólidos. Nosotros podemos y debemos orar por sanidad y restauración cuando el adulterio ha rasgado un agujero en nuestros corazones. Tenemos que ser valientes, no conformarnos con una simple reparación, sino insistir en una mayor restauración del compañerismo apasionado y en una unidad totalmente nueva. Usted hizo un pacto ante Dios en el día de su boda, y Dios los ve no solo como individuos sino como a uno con su pareja. Su posición dentro del matrimonio le da una autoridad en la oración por su cónyuge, que tiene el potencial para recibir bendición que cambie su vida y la mejore.

En los primeros años de nuestro matrimonio, Robert tomó una muy mala decisión que nos causó dolor durante muchos años. Debido a que no estaba incluida en la decisión, jugué a la víctima y me sumí en mi dolor. Cuando oraba, yo decía cosas como: "Señor, ¡abofetea a tu tonto y necio siervo Robert Morris!". (Utilizaba palabras como "abofetear" porque pensaba que sonaba más espiritual). Me hubiera satisfecho si hubiera caído fuego del cielo sobre él.

Sin embargo, un día me di cuenta que al orar por el castigo sobre Robert, me estaba poniendo a mí misma en peligro. Mire, Robert y yo somos uno y así, si el fuego de la venganza era dirigido hacia él, probablemente también me quemaría. Rápidamente, me arrepentí de mi ira y falta de perdón, y en su lugar comencé a interceder a favor de Robert. Mientras pedía por misericordia y sabiduría para él, Dios comenzó a mostrarme el poder que yo tenía en la oración sobre mi esposo, ya que soy una con él. Dios responde a mis oraciones por él más que a cualquier otra porque somos uno. Él me ha demostrado esto una y otra vez, porque cuando oro a favor de Robert, Dios obra.

Consejo para el ofensor

Existen dos lados en cada conflicto. Hasta ahora, hemos dedicado todo este capítulo al ofendido. El que recibe el golpe necesita perdonar, pero no queremos ignorar al que lanza el golpe. Pocas veces en una discusión es una persona la que está completamente en lo correcto. Muy a menudo, ambas partes son culpables de algo. A veces, cuando estamos orando para recibir la mente de Cristo para que podamos perdonar, el Espíritu Santo nos muestra que no somos las únicas víctimas. Cada uno de nosotros tiene que admitir, por mucho que los otros nos hayan lastimado, que les hemos hecho daño también.

Si usted es el ofensor, pídale a Dios que le muestre la gravedad de su ofensa. Una vez, Debbie y yo estábamos aconsejando a una pareja donde el hombre se había involucrado de forma inapropiada en conversaciones sexuales con una mujer de su oficina. Su esposa, obviamente, estaba muy herida y sus ojos estaban hinchados y rojos de tanto llorar.

El hombre, abiertamente, compartió sobre cómo Dios estaba trabajando en su vida a través de la situación. Mientras él hablaba, Dios me abrió los ojos para ver la gravedad de la situación. Antes de que pudiera detenerme, dije: "¡Usted me enferma!". Sorprendido, el hombre dejó de hablar y se me quedó viendo con los ojos bien abiertos. Debbie y la esposa también me miraron con incredulidad, preguntándose qué se había apoderado de mí.

Dios me había mostrado el tremendo dolor y la traición que la joven esposa estaba experimentando. Continué: "¡Usted me enferma! Su esposa está sentada allí, llorando, y usted me está diciendo lo mucho que Dios está obrando en su vida. ¡Usted es completamente insensible al dolor que ella está sintiendo justo ahora! No la ha golpeado físicamente, pero la ha golpeado emocionalmente y ha roto su corazón. Es como si ella estuviera sentada ahí con dos ojos morados, un labio ensangrentado y una fractura en la nariz mientras usted sigue y sigue hablando sobre lo mucho que Dios ha tomado ventaja de esta situación en su vida. ¡Debería estar de rodillas delante de ella, pidiendo su perdón y comprometiéndose el resto de su vida a honrarla y servirla!".

A veces cuando ofendemos, no nos damos cuenta de lo mucho que hemos lastimado a la otra persona y, por tanto, nuestro arrepentimiento no se iguala con nuestro crimen. Hasta que seamos capaces de arrepentirnos al mismo nivel del que ofendimos, no habrá la restauración emocional que se necesita para sanar la relación. Pídale a Dios que le muestre los ojos amoratados del alma de su cónyuge para que pueda arrepentirse apropiadamente.

Con suerte, si su esposo o esposa ha estado leyendo este libro con usted, él o ella estará preparado para perdonarle cuando usted se equivoque. Pero aunque el poder le esté esperando, es su responsabilidad confesar y arrepentirse. El arrepentimiento implica cambiar su mente y cambiar su dirección. No es suficiente disculparse si no ha llegado a una comprensión clara de su ofensa. Tampoco es suficiente estar sinceramente apenado por su error si no tiene planes de cambiar su comportamiento.

El arrepentimiento requiere de humildad, una actitud que pocos de nosotros disfrutamos acoger. Tiene que estar dispuesto a verse a usted mismo en verdad, una realidad que hará humilde tanto a los no creyentes, como a los creyentes. Dado que ninguno de nosotros está libre de pecado, ninguno de nosotros tiene el derecho de mirar por encima del hombro las fallas de los demás. Incluso si estuviéramos sin pecado, todavía necesitaríamos seguir el ejemplo de Jesús renunciando a nuestros derechos para que podamos reconciliarnos en nuestras relaciones.

La humildad en el arrepentimiento implica confesarle su pecado a la persona que usted ofendió, estando de acuerdo que lo que hizo estuvo mal y después elegir activamente comportarse o responder de formas que lo alejarán de volver a ofender. Por supuesto que habrá ocasiones en que usted se resbale en el antiguo patrón del pecado. Pida gracia cuando esto suceda. Sin embargo, si usted continúa por la vida sin ninguna intención de superar esa ofensa, usted no se ha arrepentido verdaderamente.

Más allá del arrepentimiento, hemos aprendido un nivel más profundo de humildad que ha evitado las ofensas una y otra vez. Debido a que tenemos una perspectiva del matrimonio como pacto, renunciando a nuestros derechos y asumiendo todas las responsabilidades, nuestra interacción mutua es mucho más cortés. No adoptamos una conversación con la intención de atacar, y nuestras discusiones no consisten en declaraciones defensivas destinadas a protegernos individualmente. Si veo que Robert se ha ofendido por lo que he dicho, voluntariamente me disculpo, incluso si no veo que haya dicho algo malo. Si Debbie me responde con dureza debido a la frustración con los niños, yo no me indigno ni la culpo por echar eso encima de mí, la víctima inocente. En cambio, con cariño le recuerdo que estoy de su lado. La suave respuesta aparta el furor (Proverbios 15:1). Es más importante para mí que se satisfagan sus necesidades; es más importante para mí que sus sentimientos no sean heridos.

El perdón, la humildad y el arrepentimiento avivan las llamas del matrimonio. Para que su relación arda para toda la vida, tiene que ser atendida constantemente. La falta de perdón, el orgullo y la terquedad son como baldes de agua arrojados sobre las llamas. Niéguese a dejar que tales pecados extingan el fuego de su matrimonio. Satanás no se detendrá ante nada para ver que los últimos rescoldos de su vida juntos se consuman. Afortunadamente, "el que está en ustedes es mayor que el que está en el mundo" (1 Juan 4:4). Al seguir las enseñanzas y el ejemplo de Cristo, al comprometerse con una relación que es la imagen de Dios, usted está garantizando el éxito y la bendición para su unión.

A través de la oración, Terri recibió la mente de Cristo con respecto a su matrimonio endeble. Ella vio lo perjudicial que su espíritu falto de perdón había sido para su relación. Finalmente, se dio cuenta de que no solo estaba atada por la falta de perdón, sino que también ella estaba manteniendo a Frank en atadura. En sus propias palabras, Terri confesó: "El Señor se encargó poderosamente de mi corazón. Me di cuenta que el perdón era una decisión. No tenía nada que ver con cuán ofendida me sentía. Esa tarea de perdonar, que una vez pareció imposible, de pronto se hizo más fácil".

Terri fue con Frank y se arrepintió de su falta de voluntad para perdonar. En ese momento, los milagros comenzaron a suceder en su familia. Su segundo hijo, el que luchaba contra el asma, fue sanado. Su otro hijo, el que necesitaba una cirugía intensa, recibió un informe de su médico indicando que no había necesidad de cirugía en absoluto. Y, tal vez, la sanidad más sorprendente de todas, Frank y Terri nunca se divorciaron. La paz se apoderó de su hogar, y su matrimonio fue completamente reconciliado. Nueva vida había sido liberada a través de la elección de Terri y de Frank de perdonarse mutuamente. Frank y Terri son líderes en nuestra iglesia. Ellos nos han permitido utilizar sus nombres reales porque les encanta contar su historia y darle a Dios toda la gloria que se merece.

Si usted se está aferrando a una multitud de heridas por parte de su cónyuge, déjelas ir. La sanidad nunca llegará si continúa bebiendo el veneno. Elija caminar en el perdón para que el poder dador de vida sea liberado en su matrimonio. A medida que perdone, también será perdonado por Dios y, probablemente, también por su cónyuge. Es mucho más fácil perdonar a alguien que le ha perdonado en el pasado. Ninguno de los dos es perfecto, y cada uno de ustedes necesita la gracia constante del otro.

Cuando lastime a la persona que ama, arrepiéntase de sus acciones humildemente. Confiese al egoísmo que rompió su pacto matrimonial y luego renuncie a sus derechos y asuma la responsabilidad de amar. En oración, reciba el perdón dado por Dios y por su cónyuge. Por último, camine en ese perdón, negándose a ceder ante la vergüenza o la culpa.

Recuerde el consejo de Ruth Graham Bell: el matrimonio exitoso es la unión de dos buenos perdonadores. El conflicto no tiene que abrir una brecha entre ustedes dos. En vez de eso, deje que lo conduzca hacia los niveles más profundos de la gracia y la humildad. Y al igual que su relación con Cristo abunda en bondad a causa del perdón que Él le concedió a usted, de la misma manera la bondad fluirá a través de su relación de perdón mutuo... su matrimonio de bendición.

Capítulo 10

EL PARAÍSO TERRENAL

La pareja se desliza por todo el piso con facilidad y gracia. La pareja baila armoniosamente, haciendo piruetas, sumergiéndose y zigzagueando en un ritmo perfecto. Al igual que una imagen de una pintura refinada, ellos se complementan el uno al otro hermosamente. El caballero la sostiene con firmeza, pero con ternura, mientras la guía a través de los elegantes y a veces atrevidos pasos. Ella mira dentro de sus ojos con adoración, confiando en su dirección y cediendo a su guía. La fuerza de él sostiene su delicado marco y su esplendor de ella presume de la agilidad y buen gusto de él. A pesar de que él no habla, ella sabe su dirección, y aunque ella no pregunta, él conoce su intención.

Los espectadores los rodean, creando un escenario en el que el fascinante dúo cautiva a los testigos con su romance, habilidad e impecable actuación. Nadie en el público nota las complejidades de esta pareja: el liderazgo de él y la sumisión de ella. Todo lo que ellos ven es la belleza, la conexión de dos individuos moviéndose como uno con aplomo y estilo.

El matrimonio de bendición es un baile muy parecido a este, fluyendo con suavidad porque es lo que Dios quiere que sea. A medida que el hombre guía amorosamente a su esposa a través de la vida, ella honra su dirección siguiéndolo. Los dos experimentan intimidad tan profunda que las palabras ni siquiera son necesarias para comunicar sus corazones. Para el mundo, ellos muestran la armoniosa postura de su Creador y Señor.

Sorprendentemente, cuando una multitud se reúne para ver un baile bien realizado, nunca hay un comentario sobre los métodos dominantes del hombre o la sumisión de la mujer. No, todo el mundo queda asombrado con la envidiable conexión mutua de la pareja. Cuando los roles son respetados y obedecidos, los dos se convierten en uno, moviéndose con propósito, habilidad y virtud.

La bendición espera por su matrimonio, incluso si ustedes están aprendiendo a bailar el uno con el otro. Sí, primero usted tiene que morir a sí mismo, a su agenda y derechos. Sí, usted tiene que colocar como máxima prioridad a su cónyuge. Sí, usted tiene que asumir todas las obligaciones de amar, honrar y someterse. Hombres, tienen que aprender a comunicarse y asumir la responsabilidad. Mujeres, tienen que satisfacer sus necesidades sexuales y prodigar honor sobre él. Y, cuando su cónyuge no está haciendo su parte, usted tiene que perdonar, confiar en Dios y orar por él. Puede parecer mucho trabajo, pero una vez que usted comience con este baile, descubrirá el paraíso terrenal.

Dios siempre honra la obediencia. Cuando usted vive su matrimonio en un pacto, Él está complacido. Y como un padre orgulloso que le compra helado a su hijo después de que corta el césped por primera vez, nuestro Padre complacido derrama bendiciones sobre aquellos de nosotros que honramos sus instrucciones para el matrimonio.

Dar fruto

El primer mandamiento para Adán y Eva fue ser fecundos y multiplicarse (Génesis 1:28). Su plan original no era tener un hombre y una mujer hechos a Su imagen para gobernar sobre toda la tierra. No, Su plan era tener toda una raza de gente que se parecía a Él. En lugar de poblar la tierra Él mismo, Él incluyó a Adán y a Eva en ese proceso. Les dijo que tuvieran hijos que se parecieran a Él.

Es imposible reproducirse usted solo. Incluso los pájaros y las abejas saben que se necesita de dos. Dos deben unirse y convertirse en uno antes de que pueda haber descendencia. El hombre y la mujer fueron comisionados por Dios mismo para juntarse y producir hijos que se parecieran a Dios. ¡Qué tarea tan increíble y qué gran recompensa por unirse!

Sin embargo, por encima de unirse para tener hijos, Dios quiere que el dar frutos se extienda a otras áreas de la vida. La humanidad es la única que lleva la imagen de Dios, pero otras obras comunican Su verdad, amor y bondad al mundo también. Un increíble principio se ha demostrado una y otra vez en los matrimonios, familias, equipos y organizaciones: Mientras uno puede superar a mil, dos pueden superar a diez mil (Deuteronomio 32). Juntándose en unidad hacia un objetivo común ¡provoca un crecimiento exponencial en el resultado!

Yo (Robert) he tenido un ministerio increíblemente fructífero en los últimos 25 años. La experiencia y Palabra de Dios me han enseñado por qué ha sido tan fructífero...He estado bien con Dios, y he estado bien con Debbie. A pesar de que

Debbie no es una predicadora como lo soy yo, la unión que tenemos en la vida y la unidad en la dirección que mantenemos en el ministerio, han traído un crecimiento exponencial en aquellas cosas que hemos intentado por Dios, incluyendo mi predicación. El Señor mira hacia la integridad de nuestro matrimonio y me bendice con una unción que lleva desbordantes fruto.

Piense en el ministerio del apóstol Pablo. Aunque Pablo no estaba casado, él viajó y sirvió como ministro con un equipo. En todo el libro de los Hechos, que detalla los cuatro viajes misioneros de Pablo y sus compañeros, solamente hay una ciudad a la que Pablo fue solo. Intentando escapar de las multitudes enojadas en Berea, Pablo se adelantó a su grupo y fue a Atenas para esperar a que se reunieran con él. Por supuesto, tan franco y confiado como era, no podía esperar allí sin hacer nada. Pablo comenzó a compartir el evangelio abiertamente con judíos y gentiles. El mensaje que pronunció ahí es considerado como uno de sus mejores, a menudo citado y referido hoy en día. Pero, a pesar de su elocuencia y entusiasmo, ninguna iglesia fue plantada en Atenas (Hechos 17:15–34). Todas las demás ciudades en que Pablo predicó y ministró con su equipo recibieron el nacimiento de una nueva iglesia. Atenas, sin embargo, no lo hizo.

En su ministerio, Pablo aprendió la necesidad de la colaboración para ver frutos. De hecho, hay un incidente cuando Pablo se sintió guiado por el Espíritu para ir a cierto lugar, pero no fue porque Tito no estaba con él (2 Corintios 2:12–13). Él sabía que sus mejores posibilidades de alcanzar a la gente eran cuando él ministraba con un equipo.

Esposo y esposa, su matrimonio de bendición puede producir en su vida frutos que ustedes nunca imaginaron posibles.

Cuando ustedes sueñan juntos, trabajan juntos, oran juntos y sirven juntos, bendiciones exponenciales son derramadas sobre ustedes, y la vida comienza a crecer abundantemente. Todo lo que diremos es que cuando ustedes dos son guiados por el Espíritu de Dios para lograr algo juntos, nada les será retenido.

¿Recuerda la historia de la Torre de Babel en Génesis 11? Toda la humanidad se había juntado con un mismo idioma y un mismo propósito: construir una gran ciudad y una torre al cielo, con el fin de crear un nombre por sí mismos en caso de que ellos fueran esparcidos sobre la faz de la tierra. La respuesta de Dios a sus planes fue confundir su lengua, para que se vieran obligados a dispersarse. Él sabía que con el poder que tenían unidos, no habría nada que los detuviera para lograr lo que se propusieran (Génesis 11:1–9). En este punto en la historia, Cristo aún no había muerto para redimir los propósitos del corazón del hombre, por lo tanto, sus planes solo conducirían a la corrupción y destrucción. Él tuvo que frustrar sus esfuerzos para que Su plan sobre la verdad y la vida pudiera realizarse.

Varios miles de años después, otro grupo de personas se juntaron bajo un mismo lenguaje y propósito, y Dios no frustró sus planes. En Hechos 2 vemos a los discípulos de Jesús reuniéndose cuando el Espíritu Santo cayó sobre ellos, dándoles el don de hablar en distintas lenguas. Jesús ya les había encargado llevar el evangelio al mundo, y una vez tenían el empoderamiento prometido del Espíritu Santo, se dispusieron a cumplir el propósito de Jesús. A medida que el libro de los Hechos continúa, registra el tremendo éxito de la iglesia primitiva. Los milagros eran abundantes, porque veían gente que se levantaba de la muerte, muchos sanados y multitudes salvadas. Hoy en día, los expertos en el desarrollo de la iglesia miran hacia la iglesia primitiva y tratan de identificar la fuente de su increíble éxito. La mayoría de las veces se equivocan... ¡La iglesia primitiva era tan fructífera porque estaba unificada!

¿Qué hay de usted? ¿Las personas miran su vida y se preguntan por la tremenda productividad? ¿Están usted y su cónyuge unidos bajo un mismo propósito? Con la ayuda de su esposo o esposa, usted podría lograr diez veces más de lo que usted se esfuerza para lograr en solitario. Júntense como uno solo. Oren. Sueñen. Tómense de la mano, y avancen en el camino de la bendición y frutos abundantes.

Satisfacer su potencial

La tecnología de hoy es increíble. ¿Ha visto los multiusos que pueden imprimir, copiar, enviar faxes y escanear? Si usted fuera y comprara un aparato así, se lo llevara a casa, lo conectara y después lo utilizara todos los días para enviar cartas por fax a su jefe, ¿estaría recibiendo el valor de su dinero? Absolutamente no. Si la máquina también puede imprimir, copiar y escanear, usted debería usarla a su máxima capacidad.

Dios lo creo a usted para cumplir muchos propósitos también. Con toda probabilidad, usted ya ha descubierto algunos cuantos en la vida. Usted es un hombre de negocios. Un maestro. Un diácono en la iglesia. Usted es un voluntario en el centro comunitario local. Dios lo ha llenado con tanto potencial que le tomará toda su vida descubrirlo todo. Un rol en particular que usted puede no darse cuenta que está preparado para desempeñar en la vida, que es en el que usted ayuda a su cónyuge a alcanzar su máximo potencial.

En el capítulo dos, explicamos que el hombre fue diseñado para alcanzar su máximo potencial con la ayuda de la mujer, y la mujer fue diseñada para alcanzar su máximo potencial con la ayuda del hombre. La capacidad de su cónyuge para hacer todo por lo que él o ella fueron creados, se basa en lo mucho que usted ayude. Ahora, dado que esto es para lo que Dios lo equipó, es parte de su destino también. Usted nunca alcanzará su pleno potencial a menos que cumpla su responsabilidad en la vida de su cónyuge. Esto es, básicamente, como un gran círculo. Usted lo ayuda a él a alcanzar su potencial y, al hacerlo, alcanza el suyo. Él le ayuda a alcanzar su potencial y de la misma forma, él alcanza el suyo.

¿Alguna vez estamos más satisfechos en la vida que cuando estamos viviendo en nuestro máximo potencial? El matrimonio le da la oportunidad de estar satisfecho en la vida. Hay alegría en ver a su esposa convertirse en todo lo que estaba dotada para ser, y también hay alegría al convertirse en todo para lo que usted fue creado.

Hombres, recuerden, ustedes son su fuente para todo lo que ella necesita en la vida. Esa es su función. Ese es su llamado. Mujeres, recuerden, ustedes son dadoras de vida para sus sueños y metas. Ese es su don. Ese es su llamado. Ayude a su cónyuge a estar a la altura de su potencial para que usted también pueda convertirse en todo lo que Dios tenía la intención que usted fuera.

Cosechar las recompensas

Quizás los beneficios más naturales de un matrimonio de bendición vienen cuando su cónyuge responde a sus acciones y actitudes devotas con acciones y actitudes igualmente devotas. Como hemos mencionado antes, un esposo amoroso puede sanar a una esposa deshonrosa y una esposa honorable puede sanar un esposo no amoroso. Cuando muere a sí mismo y se mueve hacia el otro en amor, honor y sumisión, él o ella lo notará. Si bien es posible que usted no vea un cambio inmediato, con el tiempo las reacciones a su devoción tomarán la forma de devoción también.

Al principio de su matrimonio fue como si se hubiera mudado a una granja en la temporada de cosecha... usted se comió una cosecha que no plantó. Después de toda una vida de aprendizaje, experiencias, dolor y recuerdos, usted saltó en su vida y probó la dulzura y amargura que se había horneado. Todo el mundo llega al matrimonio con algún tipo de equipaje... para mí (Debbie), era la inseguridad; para mí (Robert), era la insensibilidad. ¡Ese equipaje hace que la convivencia sea difícil y la armonía, a veces, casi imposible! Pero usted solo tiene que comer esa cosecha por una temporada. Tan pronto como se casa, comienza a plantar semillas en la vida del otro. Cuando esas semillas germinan, usted se verá obligado a tratar con la cosecha que produjo. Siguiendo el camino de un matrimonio de bendición, usted planta semillas de amor y bondad que se desarrollarán en un cultivo de intimidad y ternura. ¿Qué otra recompensa más dulce hay en el matrimonio que no sea la tierna intimidad?

Permítanos darle algunos ejemplos prácticos de cómo plantar semillas positivas en la vida de su cónyuge. Señores, ¿recuerdan cuando hablamos sobre la necesidad de afecto de la mujer? Mientras más afectuoso sea usted, más sexual será ella. Señoras, ¿recuerdan cuando hablamos de honrar a su esposo como el rey de su castillo? Mientras más lo trate como rey, más la tratará como reina. Esposos, cuando ustedes satisfacen su necesidad de seguridad, ella florecerá como una esposa respetuosa y devota. Esposas, cuando ustedes satisfagan su necesidad de compañía, él las sorprenderá con invitaciones que demuestren su amor por usted. Varones, cuando se abren a sus preguntas exploratorias, ella será atraída por su sinceridad y se apegará más a ustedes. Damas, cuando se someten a su liderazgo, él tiene la oportunidad de mostrar su fuerza y guiarlas por el camino de Dios.

Toda acción invita a una reacción. Cuando sus amorosas acciones encuentran las amorosas reacciones de su cónyuge, usted descubrirá una vida que es el paraíso terrenal. La intención divina de Dios para el matrimonio era que dos personas, muertas a sí mismas, vivieran para satisfacer sus necesidades mutuamente, para que todas las necesidades fueran satisfechas, no de manera egoísta, sino desinteresadamente. Los esposos deben parecerse a Cristo. Las esposas también deben parecerse a Cristo. Cuando dos personas que se parecen a Cristo viven juntas, su unión es el paraíso terrenal.

Un ejemplo para que el mundo vea

Después de 26 años de matrimonio, podemos mirar hacia atrás y recordar a las parejas devotas que para nosotros representaban el matrimonio bendecido. Su sabio consejo nos instruyó en los caminos rectos, pero más conmovedor fue su ejemplo diario. Incluso hoy en día, vemos estas hermosas relaciones y asumimos los principios divinos de sus vidas que nosotros también podemos poner en práctica, con el fin de fomentar más bendiciones de Dios.

Si usted nunca ha visto de cerca el brillo de un matrimonio bendecido, es probable que le sea difícil imaginar hasta que este tipo de matrimonio sea posible. Le animamos a encontrar un ejemplo a seguir en su propio matrimonio. Pídale a Dios que le muestre una pareja que pueda guiarlos y entrenarlos en el arte de la sagrada relación. Si usted ya tiene un matrimonio bendecido, mire alrededor de su comunidad y encuentre una pareja joven que podrían beneficiarse de su experiencia e instrucción.

Para aquellos de ustedes que ya tienen hijos, por favor sepan que ellos los están viendo a ustedes para que les enseñen cómo debería ser su futuro matrimonio. Es posible que ellos no se den cuenta, pero toda su perspectiva sobre las relaciones será formada por lo que les ejemplifiquen a ellos. Aún más urgente en sus vidas es la necesidad de tener padres devotos, cuyo profundo amor el uno por el otro ofrezca un hogar estable y un futuro para ellos. Cuando, inevitablemente, les lleguen las tormentas de la vida, ellos deben tener el ancla de una familia saludable para salir adelante.

Tener un matrimonio bendecido trasciende su propia felicidad personal o satisfacción. Dios diseñó el matrimonio a imagen de Él, para presentar Sus características únicas al mundo en forma de imagen para que la gente pudiera entenderlo y acogerlo. Usted es esa imagen para su familia, su comunidad, su iglesia, y para aquellas personas de las que ni siquiera está consciente que lo están viendo. ¡Qué increíble privilegio el mostrar a nuestro Padre a un mundo que desesperadamente necesita de Su amor!

Si el futuro parece sombrío...

Una vez, una pareja se acercó a Robert para tener asesoría matrimonial. Cuando Robert y yo nos reunimos con ellos, escuchamos su historia que fue algo así: "Hemos crecido en la iglesia y fuimos salvos de niños. Venimos de buenos hogares, y nuestro pastor fue el fundador de uno de los mejores ministerios matrimoniales en el país. Ambos hemos estado en numerosos seminarios matrimoniales antes y después de que nos casamos".

Ella nos dijo: "Yo sé que debo honrar a mi esposo, y también sé que no lo estoy haciendo".

Él nos dijo: "Yo sé que debería poner sus necesidades primero en nuestra relación, pero yo no estoy haciendo eso tampoco".

Compartieron un principio matrimonial tras otro, que habían aprendido, pero no estaban haciendo. Después de aproximadamente una hora de escuchar, Robert se inclinó hacia delante y dijo: "Les voy a decir algo que nunca le había dicho a otra pareja en más de veinte años de consejería matrimonial".

Recuerdo que pensé: "No puedo esperar a escuchar esto. ¿Qué palabras de sabiduría está a punto de impartir que pueden arreglar este matrimonio en mal estado? Voy a escuchar realmente bien para que pueda pasar este consejo a otras personas que están teniendo problemas en su matrimonio".

Entonces, él pronunció palabras que nunca olvidaré: "No puedo ayudarlos". Con eso, se inclinó hacia el respaldo de su silla y solo miró a la pareja. Estábamos todos atónitos y en silencio.

Antes de que tuviera la oportunidad de cuestionar el comentario de Robert, el esposo tomó la palabra y le preguntó: "¿Qué quiere decir, con que no puede ayudarnos?".

Robert respondió, "Cuando las personas tienen problemas, van con sus pastores en busca de ayuda. Él les da algunas respuestas que no conocían, y después ellos aplican ese conocimiento a su situación y funciona. Ustedes, por otro lado, ya saben todas las respuestas correctas, pero no las están haciendo. Ustedes no tienen un problema de conocimiento... ustedes tienen un problema rebelión. Lo único malo en su matrimonio es que usted (mirando al esposo) no la ama en la forma en que Cristo ama a la iglesia, y usted (mirando a la esposa) no quiere honrarlo como se honra al Señor. Pero ustedes ya saben esto, ¡así que no puedo ayudarlos!". Con eso, él nos guio en la oración y puso fin a la reunión.

La joven pareja nos dio las gracias por nuestro tiempo y se fue. En su carro, incluso antes de que dejaran el estacionamiento, el esposo, con lágrimas en los ojos, volteó hacia su esposa y dijo: "¡Él tiene razón, y lo siento mucho!". Hablaron durante unos 45 minutos, llorando y orando juntos, y en esos momentos, su matrimonio tomó un giro para mejorar.

Ahora, más de cinco años más tarde, ella es parte de nuestro personal y él es uno de nuestros diáconos. Si viera su matrimonio hoy en día, usted no sabría que alguna vez estuvo en terribles condiciones. Tienen un matrimonio increíblemente bendecido porque ambos asumieron la responsabilidad de obedecer las instrucciones que habían recibido de la Palabra de Dios.

Esto puede ser difícil de admitir, pero es posible que usted no tenga un problema matrimonial... es posible que tenga un problema de rebelión. Si sabe lo que debe hacer, pero no lo está haciendo, la respuesta para usted es sencilla. Empiece a hacer lo que ya sabe que debe hacer y ¡deje el resto en manos de Dios! No queremos sonar groseros, pero sí queremos empujarlo hacia la obediencia que traerá bendiciones a su matrimonio.

Si el matrimonio de bendición todavía parece muy lejos de su alcance porque usted tiene un cónyuge que no está dispuesto a obedecer y a cumplir con su parte, recuerde, usted puede ser el redentor en la relación. Jesús hizo esto por usted. Él nos redimió, incluso cuando estábamos en rebelión. ¡Él murió primero! Cuando usted muere primero, puede confiar en Dios traerá la bendición. Si tiene miedo de entrar a un pacto en el que asuma todas las responsabilidades porque se pregunta cómo se satisfarán sus propias necesidades, una vez más, confíe en Dios para satisfacer esas necesidades. Él puede cuidar de usted mucho mejor de lo que usted puede cuidarse a sí mismo.

Años atrás, Robert regresaba a casa después de un largo viaje ministerial. Él solo estaba programado para estar en casa durante unos pocos días antes de que tuviera que salir nuevamente. Los niños y yo estábamos tan emocionados de verlo y pasar tiempo con él. Solo unos pocos minutos después de llegar a casa, un amigo de él lo llamó y lo invitó a jugar al golf. Aunque yo sabía que realmente necesitaba un poco de tiempo de recreación, también sabía que su familia necesitaba estar con él. Cuando él me preguntó si podía ir, traté de ocultar mi decepción y le dije que adelante. Pensé que toda la familia podría pasar la noche junta. En mi corazón, traté de ser feliz por él y no decir nada que pudiera arruinar su día.

En cuestión de minutos, él se había ido. Tan pronto como salió por la puerta, le dio dolor de cabeza. Por lo que me dice, él sabía que Dios no estaba contento con su decisión de ir, pero aun así estaba decidido a reunirse con su amigo. Su dolor de cabeza se hizo más intenso, y antes de llegar al lugar, tuvo que detenerse y comprar algunos analgésicos. En el momento en que comenzó a jugar, Robert se sintió terrible. Duró solo hasta el cuarto hoyo cuando su visión se puso borrosa y vomitó en el campo. (Si usted no es jugador de golf, ¡es algo muy malo vomitar en el campo!).

Derrotado, Robert se rindió. En su camino a casa, Dios comenzó a tratar con él. Específicamente, el Señor le dijo que fuera a casa y se arrepintieran ante mí. Al parecer, Robert luchó con esa instrucción, diciéndole a Dios que lo sentía, pero que realmente heriría su orgullo si tenía que pedir perdón. Bueno, Dios no lo dejó tan fácilmente. Él procedió a decirle a Robert que no solo se disculpara, sino también que me pidiera orar por su sanidad. En ese momento creo que Robert consideró quedarse con el dolor de cabeza.

Me sorprendió con su temprano regreso a casa y me sorprendió aún más con la historia de su dolor de cabeza. Por la gracia de Dios, yo no dije nada de lo que pudiera arrepentirme, en cambio, le ofrecí un medicamento. Rechazando la medicina, él me pidió que me sentara a su lado en el sofá. Después de compartir su conversación con Dios, él confesó su egoísmo y pidió perdón. Voluntariamente, lo perdoné. Después, él me pidió que orara por su sanidad. Mientras lo hacía, Dios inmediatamente sanó el dolor de cabeza de Robert. Pasamos el resto del día en familia, disfrutando de la compañía mutua.

Si yo me hubiera quejado o enojado cuando Robert me pidió ir a jugar golf, probablemente se hubiera quedado en casa. Pero él habría cedido a regañadientes. Al responderle con amor y confiando en que Dios cambiaría su corazón, la situación resultó mucho mejor. Hoy miro hacia atrás y veo este evento como un punto crucial en el crecimiento de Robert como esposo. Él sabe que yo confío en Dios con él, y Él también sabe que Dios me está cuidando. Robert me trata con amor y prioridad porque Dios le enseñó a hacerlo.

Hemos recorrido un largo camino. Dios ha sido tan bueno con nosotros a cada paso: disciplinándonos, enseñándonos, perdonándonos y recompensándonos. La oportunidad de escribir este libro es otra inmensa bendición para nosotros. Pensar que Dios nos llevó de una etapa inestable, inmadura, insegura e insensible, a un lugar donde podemos enseñarle a otros cómo tener un matrimonio divino es...increíble. No tenemos nada que presumir, sin embargo, porque sabemos, más que nadie, que es respondiendo solo a la gracia de Dios lo que nos ha llevado tan lejos. Nuestro matrimonio está bendecido porque ambos aprendimos a morir. Cuando morimos nos fuimos al paraíso...al paraíso terrenal.

Nuestro Padre no muestra favoritismo entre Sus hijos. Las bendiciones que hemos llegado a conocer están disponibles para usted también. La intimidad, productividad y satisfacción pueden ser todas suyas cuando decida morir. *Cualquiera* y *todos* los matrimonios pueden ser un matrimonio de bendición si ambas partes decidieran morir al egoísmo y en su lugar vivir para complacer y servir al otro.

En el Reino de Dios, la muerte siempre trae vida...y la vida que trae siempre es mejor que la vida a la que se renuncia. Siga adelante y muera. El paraíso está esperando por usted.

Notas

Capítulo 3

1. John Maxwell, *Las 21 irrefutables del liderazgo* (Grupo Nelson).

Capítulo 6

1. *Biblesoft's Nelson's Illustrated Bible Dictionary*. Biblesoft y Thomas Nelson Publishers.
2. *Biblesoft's The International Standard Bible Encyclopedia*. Biblesoft and Hendrickson Publishers.
3. *Biblesoft's McClintock y Strong Encyclopedia*. Biblesoft.
4. Jimmy Evans, *Matrimonio sobre la Roca* (Marriage Today).

Capítulo 7

1. Jimmy Evans, *Matrimonio sobre la Roca* (Marriage Today).
2. Gary and Barbara Rosberg. *The Five Love Needs of Men and Women* (Alive Communications).
3. Jack W. Hayford, *Sex and the Single Soul*. (Regal Books).
4. Linda Dillow and Lorraine Pintus. *Intimate Issues*. (WaterBrook Press).
5. WB&A Market Research survey, "Survey for the National Sleep Foundation," March 2005. www.sleepfoundation.org.

Capítulo 8

1. *Biblesoft's Hitchcock's Bible Names Dictionary*. Biblesoft.
2. *Biblesoft's The New Unger's Bible Dictionary*. Biblesoft and Moody Press.

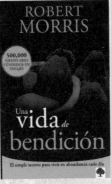

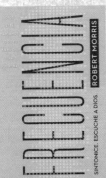

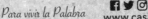

CASA
CREACIÓN

Te invitamos a que visites nuestra página
web, donde podrás apreciar la pasión por
la publicación de libros y Biblias:

www.casacreacion.com

f @CASACREACION

@CASACREACION

@CASACREACION

Para vivir la Palabra